天然コケッコー 3

……くらもちふさこ……

集英社文庫

天然コケッコー■3■もくじ

天然コケッコー
③
scene13
旅行報告 その2
くらもちふさこ

CHICA

男子ばっかじゃあ
子供っぽい
あんまり
浩太朗と変わらんよおに
見えるが……

それとも
この子らが
平均の中3で
大沢(おおさわ)君の方が
特別つちゅう事
かね?
マジかよ
……
どこが
タヌキだよー
?
いいよ
もう
向こう
行ってて
えっ?
俺達
話あるから
…イー
じゃん…
…かも
デケぇよ
……
いつ
やったんだよ
……
シーーっ
……
……

大沢君っ
あること
ないこと
言い触らさないで
ちょおだいっ
……
ちょおだい？
じゃあ…
どの人が
いつもの
電話
相手なの
？
なの？

でいっ
んばっ
やめんさい
こんなとこで
これっ
ウリャ
イキー
……………
ケモノ……
あの…
俺
え？
田舎じゃ
大人っぽぉ見えとったが
3人と
変わらんよぉに見えてきた
俺
電話の
相手
俺
鈴木
ちぃと
シゲちゃんに似とる

聞いてみようかなぁ
女の子のこと
あのぉ……
ヘッドロックっ
わ
いやじゃもお
大沢君こわれとる
じゃあ
またな
池袋駅
IKebuKuro Sta.
ウリャッ
あ
広海

東京みやげっ
校舎
建て直してんだ俺らの校舎
こわした旧校舎思い出に持ってきてやったぜ
じゃあなー
オワッ
ワシ

ゴメ
行こ
なして友達のみやげを？
ジョークジョーク
マジでとんなよ
なにしとるうはよぉ来んさいー
SEIBU

あんたにゃあ
思い出の品
なんじゃなぁん
かねえ——
わ
は
……………
大沢君には
そがぁな感性はなぁのじゃろうか？
「あんま
そーゆーのって
気にしないって
ゆーか……」
ホントに
そがぁな奴なんじゃな……

ドン
ドッ
ドン
俺に
つかまれよ
いらん
右田ぁ
笑おて——
会うこともなぁか

TOKYO DOME
パシャッ
わしも撮ってくれんかぁ
おい
すた すた すた
おい おい

こがぁに
並ぶんかねっ
!?
わしらぁ
ここで
見とるけえ
行って
きんさい
なあ!
……
ありゃあ
「森高千里」じゃ
なぁかね!?

一般人だよ…
………
皆 タレントみたい じゃねえ
さすがに 大沢君が 目移りせんか 心配じゃなあ
うん
「森高」じゃよ
そりゃ まぁ
やっぱ きあいが ワリィねえ
だーいじょーぶ 俺 ホント うまいから

木吉千里 浩太郎くんへ
まんまじゃなぁかねっ!!
わしが書いた方がまだマシじゃ
やっぱり本人に会えるまで待ちゃあよかった……
だから会えないって!
まだわからんよ
会えない
ぜええったい会えないっ
字ぃ直して!
間違ってた?
超かわいー
これの小さいのヨシダが持ってたよ

そがぁいやあ
森町の子も
あんとぉのソックス
はいとうたわぁ
……………
※・女子高人気No.1
るーずソックス
¥100
そんなの
どこでも
売ってる
じゃん
そぉなん
じゃが……
!
買えば?

「広がるくせ毛
まっすぐ
スタイリング」
あ
返して
あっちゃんの
おみやげじゃ
ついでに
おやじに
ヅラ
買ってって
やれば？
えっ
えっ
えっ
あんた
ホントに
失礼じゃねーー
なにがー
NATURAL BEAUTE
くせっ毛の
あっちゃんに
それ買ってくのと
おんなしじゃん
ガーー
………

こっちは？
肌が白くなる石けん…？
あこりゃイブキにだな
ニヤリ
しーん
わしって……
………

肌が白くなる
石鹸
ボスッ
イブキは大丈夫だよ
これ
並んでください

ザワザワ
ザワ
ザワ
どがぁしたん？
ザワ
ザワ
そよちゃん
あんまり
進んどらんねえ
ザワ
ザワ
気分悪いん
？
ザワ
ザワ
ザワ
ザワ
ザワ
ザワ
そがぁなこと
なぁよ
いいぃ
ザワ
ザワ
パンが
おいしゅうて
くうのが
もったいなぁでね
ザワ
ザワ
ザワ
ザワ
ザワ
ザワ
ザワ
ザワ
ザワ
ワ
ザワ

ゴ
ゴ
ゴ
ゴ
ゴ
ガ
キーーン
キ
ゴ
ゴ
……
ゴ
ゴ
まっ暗
なのに?
うん
ゴ
ゴ
おもしろい
?
うん
そよちゃん
地下鉄
気に入っとる
みたいじゃ
わえ
わしゃ
息苦しい
ような
気ィして
好きに
なれん
ゴウウ
ゴ
ガ
ガーッ

暗闇がホッとする

ゴ
ゴ
ゴ
ゴ
ゴ
じいちゃん こがぁなん 好きなんじゃ
うちのテレビの 上になぁ おっきな 将棋の駒が あるんじゃが
じいちゃん それ 気に入っとって……
ガ
ガ
ガ
!
外じゃ…?
タタン
ガタタン
ガタン
タタン
外っ 外っ
あたり前じゃあ あんなに行きた がっとたんじゃけぇ
元気なぁように 見えたが 気のせいじゃった みたい

あれ
かわいいっ
なんじゃ
これ
あれ
あっちゃんに
どおじゃろ
新宿駅
SHINJUKU ST
婦人
Tシャツ
900
女の子じゃねぇ
買い物んときゃあ
目ぇキラキラ
させてから
ハハ
みやげは
帰りにしようやぁ
はぁ
はぁ

見えてきたぞ
都庁じゃ

!?
右田!?
そよちゃんっ
どがぁしたっ!?
……
頭低うしてっ
荷物おろしてやりんさい
貧血じゃろかっ!?
し
しっかり
うわぁ

だよ
これっ
すげぇ
重……
げっ…
ゴロン
おまえ
これ
持ち歩いてたのかよっ
………
わしが
もろぉた
あんた
いらん
ゆうけぇ
……あ

いやじゃあっ
ガシャッ
やめてっ…
やめっ…
コロ
コロ
カラン

なにも
あれごと
持ち歩かなくても
これで充分だろ
おおきに…
あ
…
コンパクト
割れとらん
？
お母ちゃんの
おみやげなんじゃ
さっきの
パンも
固くなって
しもぉた
さっちゃんに
食わそう
思ぉとった
のに……
ははは
こがあに
かかえとったん
かね
みやげ
みやげって

せっかく
東京来ても
田舎の事
ばっかだな
じゃけど
こがぁな忙しいとこ
ジッとしとっても
疲れる
……
そいじゃけど
ワガママゆうて
連れて来て
もろぉたけぇ
そがぁなこたいえんもんっ
田舎の方が
ドキッ

好きじゃって
わかっただけでも
勉強に
なったのぉ
それじゃあ
都庁見学して
帰ろうやぁ
いらん

センセに
悪イことして
しもぉた
ゴゴ
ゴゴ
ゴゴ
……
ゴゴ
ゴゴ
この音は……
ゴゴ
ゴゴ
ゴゴ
ゴゴ

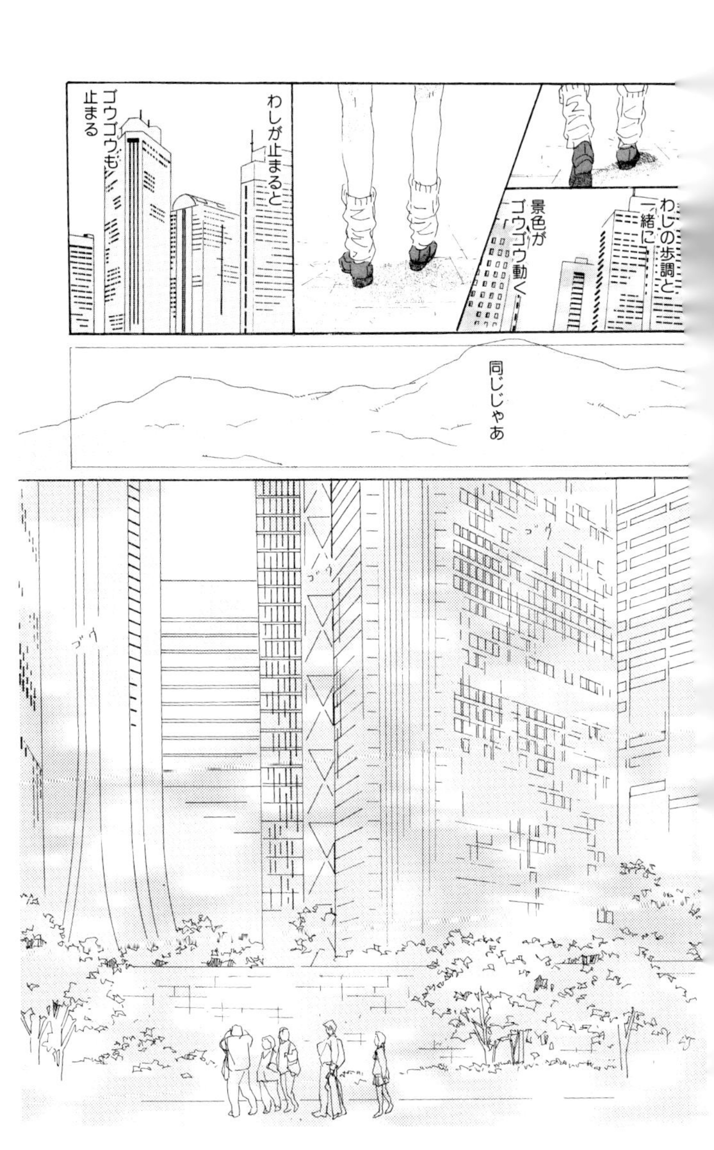
わしの歩調と
一緒に
景色が
ゴウゴウ動く
わしが止まると
ゴウゴウも
止まる
同じじゃあ
ゴウ
ゴウ
ゴウ

お
あんたらぁとは
いつかは
仲よぉやれる日も
来るかもしれん

旅行で一番印象に残ったこと
ANA
全日空
パサッ
修学旅行のしおり
なんて書いたん？見して
……
行で一番印象に残ったこと
地元の空港
松田センセ泣くでね
わしゃなに書こう……
みやげ……
ボソッ
それじゃおみやげ整理しよーっと
また？

これ
あっちゃんの
かわいいじゃろ
？
おまえ…
急に
元気だなぁ
かわいいかなぁ…
えー
かわいーって
いったじゃんっ
今っ
ヘンかな？
ちィと……
しおつくん
マッサージにピッタリ！
¥200
カゴに入っとるときゃあ
カラフルで
かわいく見えたんじゃが
はずした
かも
しれん
その
かわいさまで
あつちゃんには
持つて帰れん
もんなぁ
たぶん
似合う場所が
あるんじゃな
どんなもんにも

魅力が出るとこにおるのが
一番ええんじゃ
これには ちィとワリィことした
あのカゴん中に置いといてやりゃあ良かつた
……あつ
お父ちゃんのみやげ忘れた！

お帰りーっ
ただいまあ
おみやげ
いっぱい
買おてきたでね
――っ
まあ
まあ
高かったじゃろ
わっ
そよちゃん
こりゃあ
本物かね？
あ
お父ちゃん

お父ちゃんには
これ
お父ちゃんの
住んどった
アパート
行ってみたら
おおっ
そぉかねっ
?
丁度
取り壊し
とってなぁ
………
それじゃ
これは
アパートのっ

scene13「旅行報告 その2」ーおわりー

天然コケッコー
scene14 オン・サンデー

にひっ
ぱ

ぶーん
ひこーき
おりぼん
せんたく
バサミ
やめんちゃい
にひっ

ユサ
ユサ
ボト
ボト
ボト
ボト

ゴリ ゴリ
むしゃ
んーー
ポタ ポタ
こぼしてしもぉたぁ
気に入りの服なのにー
ジャー

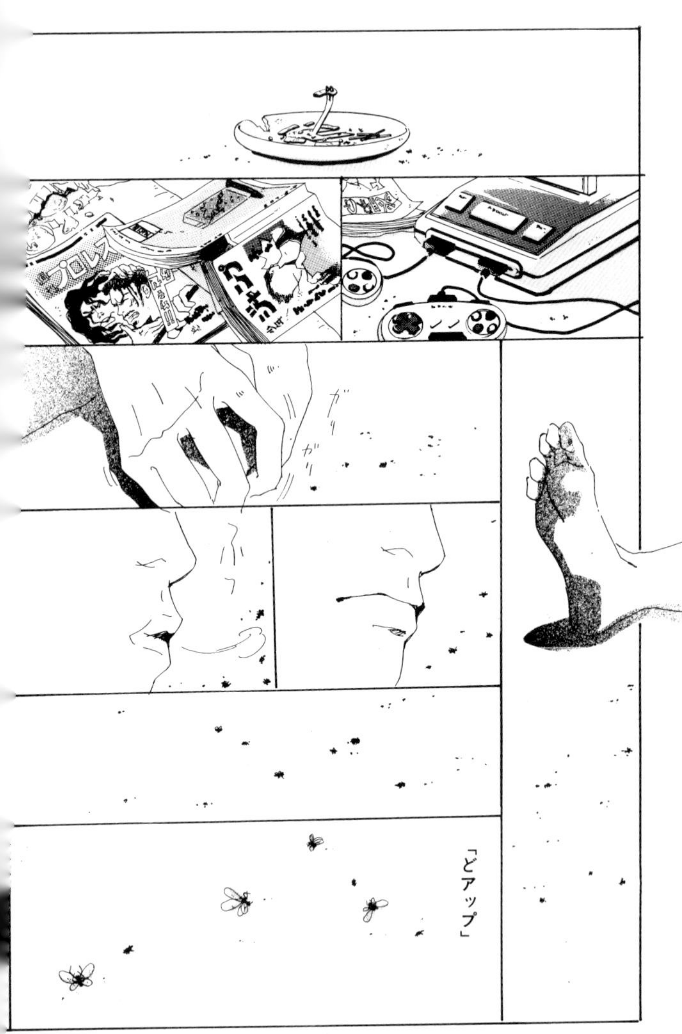
ガリ
ガリ
「どアップ」

…………
むくっ
パンッ
パッ
パッ
クソ〜〜
パタ
キモイ〜〜〜
パタ

あの石けん
効かんでね
そよちゃんの
みやげの
石けんじゃあ
毎日
使ぉとるん
じゃが
どがぁな？
……
効いとらん
じゃろ？
よお
わからん
そぉ…
あ…
あ
でも
このへんが
………
!? 効いとる

じゃったら
ええもん
もろぉたな
ソックスと
わしも
ソックスぁ
気に入っ
とる
なに
もろぉたんじゃっけ？
あんた
指圧の
ああ
指圧の
漫画描いて
肩凝る
じゃろうゆうて
でも
肩凝らんけぇ
お父ちゃんが
使ぉとる
………
言うちゃあ
ワリィけど
ありゃあ
天波屋にも
売っとったわ
そよちゃん
時々
はずすけぇ
………

実は
今日 この村で
大事件が起きる事を
まだ誰も知らない

手伝うでねー
おおきにー
そよちゃんは?
大沢兄ちゃん誘うゆうて
……
そりゃどぉじゃろ
なぁ?
はぁ学校の掃除当番ですらまともにやらん人じゃけえねえ
?

あ
もしもし
じいちゃん？
あ
もしもし？
……
そよ
じゃけど
広海君
おんさる
？
田んぼの
雑草取り
？
このあたりの
田んぼ一帯を
皆で
手伝うんじゃ
うーん…
今ビデオ
見てるから

……
好いてくれとるわりにゃあ
冷たいんじゃなこれが
ポポン
そよちゃん
さっきから呼んどるのに
ありゃあシゲちゃん

田んぼかね?
雑草取りじゃ
よっしゃ わしも後で 手伝おて やろう
おおきに
どこ行っとったん?
森町で映画 観とった
また 釣りの映画 かね?
また
一緒に 行こうやぁ そよちゃん
あ そぉじゃ 写真が あるんじゃ
へへ そぉじゃね

修学旅行の
田んぼに来とる皆に見てもらおう思ぉて
………
かわゆう撮れとるのぉ
ええのぉ
わしもいっぺんは東京に行きたぁのぉ
シゲちゃんの時も頼んでみりゃあえかったのに
ああなぁ
あの頃はー
まだ学校が無ぉなるよぉな話もなかったけぇのぉ

思いきって ええ思い出を 作ってくれたのぉ 先生は
………
いずれなぁ
なして？
なしてって 生徒が おらんよおに なるじゃろ？
学校が 無おなる？
やっぱり………
じゃから
あんたらの 東京行き じゃって
廃校前の 思い出に 花を飾ってやりたぁ ゆうて
先生が父兄に直談判 したっちゅう話じゃし…

ホントかね
そりゃあ
ショックじゃあ
はぁ
わしの
心配しとった
通りじゃあ
じゃけど
店に
松田先生が
来んさった時
ゆうとったが
校舎は
しばらく
残すそうな
なんじゃ
知っとったん
？
言われん
かった
そよちゃん
小学校の
卒業文に
大きゅうなったら
センセになって
わしらの学校に
もどってくる
ゆうて
そよちゃん
困るじゃろぉ
思ぉて
………

書いとったけぇ
よぉ
覚えとるねぇ
あっちゃん
ジャブ
ジャブ
別に
ええんじゃ
そりゃ
昔のユメじゃ
けえ
……………
ホントは
その続きも
あったんじゃが
……
なん？
なに？
どんな？
ええんじゃ
さっちゃんより
下の子って
この村にゃあ
本当におらんの
かねぇ
………

これから
生まれるかも
しれんでね
そよちゃん
あんたが
いますぐ
産みゃあ
ええんじゃ
……
この子が
卒業までに
し・ご・ろく
いち・に・さん…
マジじゃ
マジで考えとる
あ〜〜
ダメじゃあっ
たとえ
今生まれた
ところで
間に合わんっ
ゲゥ ゲゥ ゲゥ
ヒ ヒ
そよちゃん
だんなさん
じゃよ
えっ
……
いらん
こと
ゆうて

………
ジャボ…
裸足でいいの?

競馬行こうって
しつこくてサー
ジジィのカオ
見てるくらいなら…
草むしっとったら
なかなか
……
カオの赤いのが
とれんで……

……
……
めりこむ
うわっ
手ぇ
つなぁどらんか……？
大人気ないけえ
やめんさいて！あんた
そがぁなこと…
ジャブ
ジャブ
いんにゃっつないどる！

浩太朗
あんた
そよちゃんとこで
しんちゃい

いやぁ…
そりゃあ
おジャマじゃけえ
…
おジャマして
くるん
じゃ…
ひ───っ
………
ズぶ
ズぶ
いたぁ──
あっ
あっ
いたぁよぉ──
あっ
ナメクジじゃ
ナメクジじゃー
あっ

あっ
あっ
ぶん
ぶん
ぶん
あっ
キュッ
ポイッ
ポイッ
あ…
ありゃあヒルじゃ
カッちゃんがー
カッちゃんがー
血ィ吸うけぇやっちゃいけんよ
うっ
うっ
……

なぁ
なぁ
……
ゴ゛ロ
ゴ゛ロ
ゴ゛ロ
ぶちっ
パラ
パラ
ぶちっ
浩太朗
なんか頼もしゅうなったなぁ
……
……

ぷイ
御飯じゃよ――
わしゃ
わかめの
むすびを
やんさい
おかか
おかか
すうめが
甘あよ
カッちゃん
なにしとるん?
はよお
来いやぁ

ゴロ
ゴロ
ゴロ
そよちゃんは?
ん?
まだ遠いけぇ大丈夫じゃよ
ぴとっ
ゴロゴロゆうとるけぇはよぉ食うて終わらせようやぁ
そよちゃんがおらん
お茶とってやんさい
カッちゃん食わんの?
………
役場のマサちゃんの話聞いたかね?
そよちゃんどこに行ったん?
いんにゃ
それがはぁ…
なんでツーショットないの?

そいでも
これは
わしのカメラで
撮った分じゃ
ふたりのは
先生が
やんさった分に
あったじゃろ?
……
それは?
わししか
写っとらんよ
あんたが
撮ってくれた
やつじゃ
くれよ
それ1枚
……

今日
つけとらんね
ん?
香りモノ
ああ
わしゃあ
キライじゃ
なぁよ
あれ

そよ
!

※はぁ いにんさい
油売っとるなら いんで
試験勉強でも やっとりんさい
……
……
……
じゃけど 今は 皆 休憩 しとるじゃなぁの
あんたも
なら なして 皆と一緒に 飯食わん？
こがぁなとこで ふたりで コソコソと
！
※いぬ＝帰る。

人前で はずかしいけぇ やめてやんさい
よお ゆうたなぁっ
わしら 写真分けとった だけじゃ
人前で はずかし気もなく 手ぇつなぎよって!
あんた
はぁ ええけぇ
こっち来て 飯食べん さいや
ああ
右ちゃん
そおじゃ そおじゃ
今の連中は わしらの 頃とは 違おとるん じゃけえ
放っときんさい
遅れとる のぉー 右ちゃんはー

あんたらにゃ関係なぁっ！
余計な口出しっ……
……
……
……
……
ハッ

ポツ
ポツ
ポツ
ポツ
TO
ピチャッ

ゴロ
ゴロ
ゴロ

……
……
……
……

ピカッ
ゴワッ
ゴワッ
ゴワッ
……
……
……
ピカッ

あれ・・・

事故じゃ
事故じゃっ
事故じゃ
事故じゃ
田浦のじいさんのトラックじゃっ
あのスクーターはシゲちゃんじゃ

じいちゃん？
世話なぁか!!
じいさんっ
おお
20万当てたでね
……
……

てっきり
カミナリさんが
落ちたんじゃあ
思ぉた
わしもじゃ
しかし
なんじゃねえ
あれっぽっちで
すごい音が
するもんじゃ
なぁ
ひょっとして
わしゃあ
衝突事故は
初めて目撃
したぞ
わしゃあ
カミナリじゃ思ぉて
目ぇつむって
しもぉたぁ
そがぁいやあ
わしもじゃ
ぷっぷー
がしゃー―ん

やめんちゃいっ
………
虫ってサー
こっちきて ちょっとダメで
まるで ヒッチコックの「鳥」状態
はぁ
「よっぽど 浮かれとったんじゃのお
孫に声かけよお 思おて
急ブレーキかけて しもおたところへ
後ろから来た シゲちゃんのスクーターが
ガツン
そのまま田んぼへ
ドボンじゃ
アハハハハ」

この日の大事件で
2週間は持ちきりという
平和な村である

scene14「オン・サンデー」ーおわりー

へび玉

天然コケッコー
scene15　女の子はえっち

なんかね？
!
ゴ
ゴ
ゴ
ゴォ
ゴォ

郵便…
ガラ
ガラ
ああ その辺に置いといてやんさい
そよちゃんに
……じゃが
……
石田そよ様
鈴木慎一

あっ…
STRAIGHT RAZOR
あた――
やれんなぁ…
こりゃ
しみるでねー
そよちゃ――ん
!

そよちゃあん
どこぉ――?
そよちゃ…
なん?
どこにおったん?
べんじょ
乱れ
なして起こしてくれんかったん?
先に起きた方が起こす約束じゃろぉ?
起きんかったもんあんた
起こしてくれたん?
浩太朗はすぐ騙されるけえ楽じゃ
あっちゃんちも伊吹ちゃんちも部屋に鍵ついとるけええええなぁ
にやにや
ん?

なんじゃろ
なぁ——
こりゃあ
おやぁ？
男からじゃあ
わしに!?
誰かね？
かしんちゃいっ
みゃ
みゃ
やれまぁ
こんな子ら
騒がしいのぉ

ジビ
ジビ
ジビ
ジビ
ジビ
ジビ
ジビ
ジビ
え？
なして？
なして
泳がんの？
わしゃ
見とるけえ
「せいり」の
しすぎじゃ
！
……
大沢兄ちゃん
まだかいのぉ
……

部屋のせいりで
つかれたんじゃろ
………
カッちゃんは「生理」を
どうも「整理」と
勘違いしとるらしい
カッちゃんは きのう
つくえのせいり
したが どこも
痛おなぁよ
あんた
終わった
ばかり
じゃろ？
泳がんなんて
大沢君が
なんて思うか
なぁ？
それこそ
あれじゃあて
思われたら
あんた
やれんよ
なぁ？
………
そがぁ
いやあ
「女の子」ん時って
目の下に
クマが
できるんじゃと
え
へー

そいじゃけぇ
共学の子らは
すぐバレて
しもぉて
たいへんな
そぉじゃよ
森町の子ら
からの
情報じゃろうか
この手の話は十中八九
伊吹ちゃんじか
せん
子供の頃
伊吹ちゃんが
ちィと
苦手な
時期が
あつた
どがぁに苦手かゆうと
カンチョー
えっち じゃった
!
……
ドキ
ドキ
なんじゃろ?
この子…
なんか
とんでもなぁこと
されたよぉな
いけんこと
されたよぉな
子供心に
しばらく
親にも
言われんで
思い悩ん
どつた

その奇つ怪な行動に
（わしにはそう見えた）

まつたく
悪びれずそれを
続ける
伊吹ちゃんが

※しばらく
ぼいしゅうて
ならんかつた

※ぼいしい＝こわい。

さすがに
小学校も
高学年に
なりゃあ

自然に
やめて
しもぉた
もんの

気がつきゃあ
Y談に
目覚めとつて

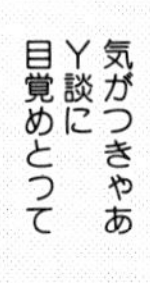

あっちゃんは
純情
なんじゃけぇ

え？
あっちゃんか？

……

そいじゃけど
さすがに大沢君が
転校してきてからは
伊吹ちゃんも
しおらしゅう(?)なって
大沢
兄ちゃーん
その手の話も
ここのとこ
とんと
どがぁな
海パンじゃろ
?
ごぶ
さ
……
なぬ……?
そいじゃけぇ
ビキニとか
トランクスとか
……
だり
なして わしが
はずかしがっとるん?
なに
しとったん
!?

じいちゃんが持ってけって
畑まで採りにいかされて
わあっスイカじゃっ
スーッ
わぁいわぁい
スイカは重いけぇ
大人がおる時しか持っていかれんかったけえなぁ
ちょっとちょっと
あんた海パンは？
はいてる
……
トランクスじゃなぁのっ⁉
あたぼーよ
部活やってたし
水泳部？
プロレス研究会

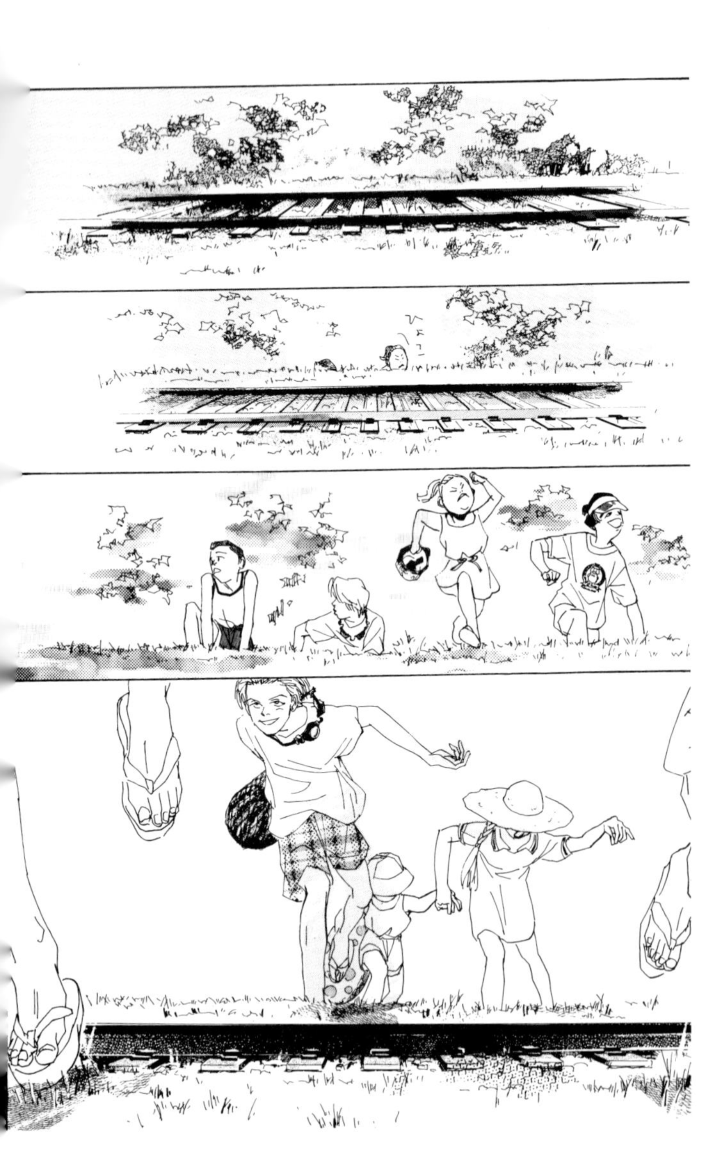
ひょこ

ぷか
ぷか

あんたら
準備体操
せにゃあ…
お
お
お

あーぢっ
あーぢっ
ザボ
ザボ
ザッ
……
なんか
思ぉとったより
不快なカンジせん
脂肪がのぉて
スラアッとしとって
ハラとか
シリとか
ぶよぶよしとる
わしの体よりゃあ
よっぽど
キレイに
見えたが

ちら　ちら
皆は
どがぁ
なんじゃろ
？
なぁんか
直視できーん
きゃひ
えっち
じゃあ
……
ひや
ひ
ひ
ひ
行くかね？
わしらも
ぴた
……
……

ザ
きゃあ
きゃあ
きゃあ
……
あくしゅみっ
でも
そよちゃん
わしらだって
人のこと
言えんわ
そりゃまぁ…
あ………

……
なんとのう
あっちゃんが
泳がんゆうたのが
わかったよぉな…
あっちゃんは
小5くらい
から
わしよりも
先に
胸が大きく
なっとったし
太っとるわけじゃなぁが
女のわしから見ても
グラマーゆうか色っぽい体しとる
ザ
ザ
あっちゃんは
自分でも
わかっとるんじゃ
きっと
それじゃけえ
男の子の目ぇ
意識するのは
よぉわかる
あた
ザ

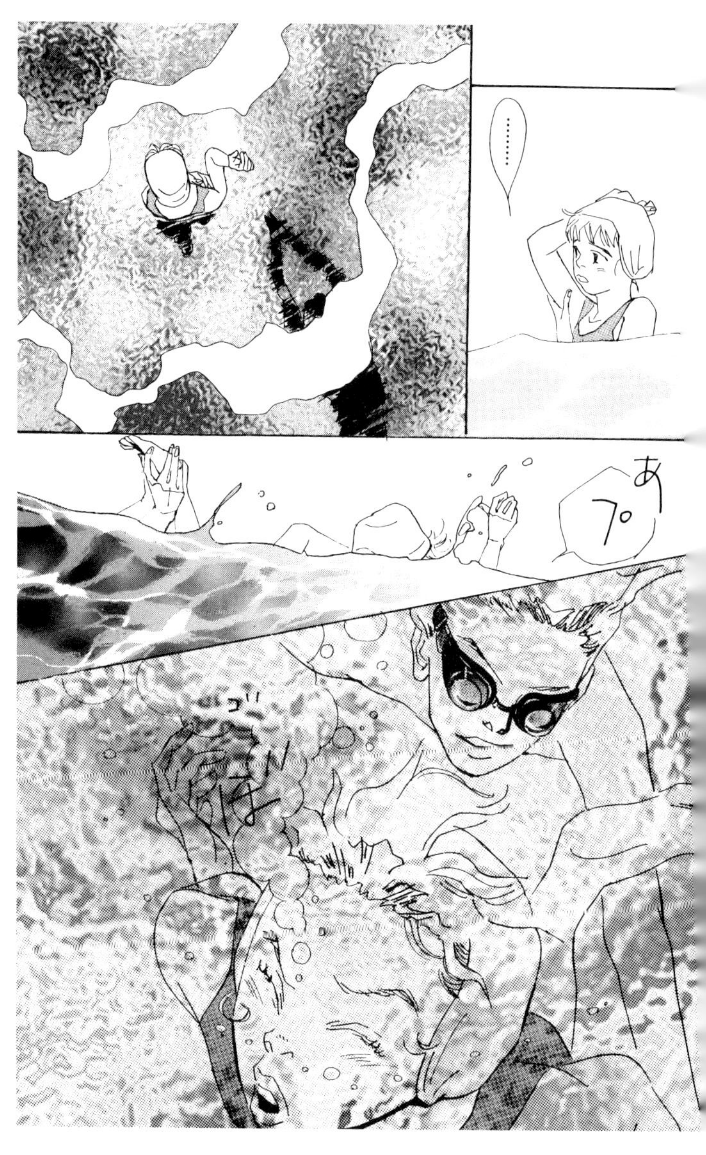
……
あプ
ゴぼ

ぷはっ
ぷゅ
わりっ
なにす
ゲほっ
……
なぷ
あんなにハデにひっくり返ってくれるとは思わ
カカカ
はははは
ゲほっ

なんも言えん
わしの手が
首に回っとるけぇ
これが
教室じゃったら
とても
できん
男の子を
女の子を
一番意識する
この場所で

肌と肌が
おしくらまんじゅう
しとる間に
こりゃ
わしんち
あっちゃん
こりゃあ
どがぁ
すりゃあ
ええ?
やめん
ちゃい
男の子も
女の子も
のぉなって
しもぉた

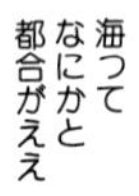
海って
なにかと
都合がええ

ああ——
カッちゃんの
部屋が
※わやになって
しもぉたぁ

どこ行くん？
棒
探しに行こ
スイカ割りの
胸？
………
………

あんた
今
胸さわら
せろって
ゆうたん?
ちげって!
それくらいの
カンケーに
しといてくれって
ゆったの
誰にー
ああ…
なんで
知ってんの
?
東京の
テレホンメイト
じゃね?
鈴木君
来週
こっちに
遊びに来るん
じゃってね
ハガキ
もろぉた
もん

ザッ
なんで
なんで右田の住所知っ…
あ…そぉか
ここは番地なくても届くんだ…
またどーせ鈴木君とつまらん見栄の張り合いしたんじゃろが
わしゃウソはイヤじゃけぇね！
………
じゃさわらせて

なんか
ゆうた?
いや
なんも
赤ちゃんて
どがぁして
作るか
知っとる?
やっぱり それも
伊吹ちゃんから
聞いたんじゃった
そばにおった
あっちゃんは
脂汗流しとったが
伊吹ちゃんのカンチョーの方が
よっぽどキョーレツじゃった
わしにゃあ
なぜか
漠然とした
幾何学的イメージしかのぉて
あんまりピンとこんかったし
そんなびっくりもせんかった

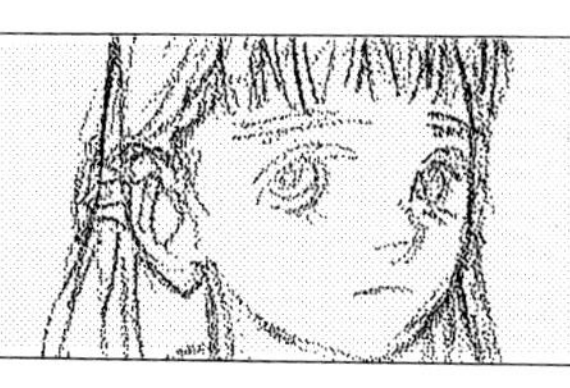

「なんか
めんど
くさそう」

そう
思ぉとったの
覚えとるし

今も
基本的にゃあ
変わっとらん

海は

そこまで
あもぉはなぁのじゃ
(甘)

9
10
行けーっ
前
前
そのまま
前
もぉちっと
左じゃ
左っ
左っ
左じゃっちゅうにっ
キャ
ペ
ン

さっちゃん
わかっとる!?
左は
茶碗持つ方
じゃよ
あと
まだやっとらん人
誰じゃ?
ええって
わしゃ
ええよ
あれ?

なん?
あいつ
あっちゃんのこと
妙な目で
見よる
そのまま
そぉ
そぉ
そのまま
まっすぐ
行け
行け
あ
行きすぎっ
行きすぎいっ

あっ
ゴッ

あ
ぱ
あ
あ
ごめん
……

さわった―――っ!!!

タン
ポン
リー
リー
リー
リー
チー
チー
チー
カナ
カナ
カナ
カナ
カナ

……
……
…………
さわらせりゃあ
よかったあ
scene15「女の子はえっち」ーおわりー

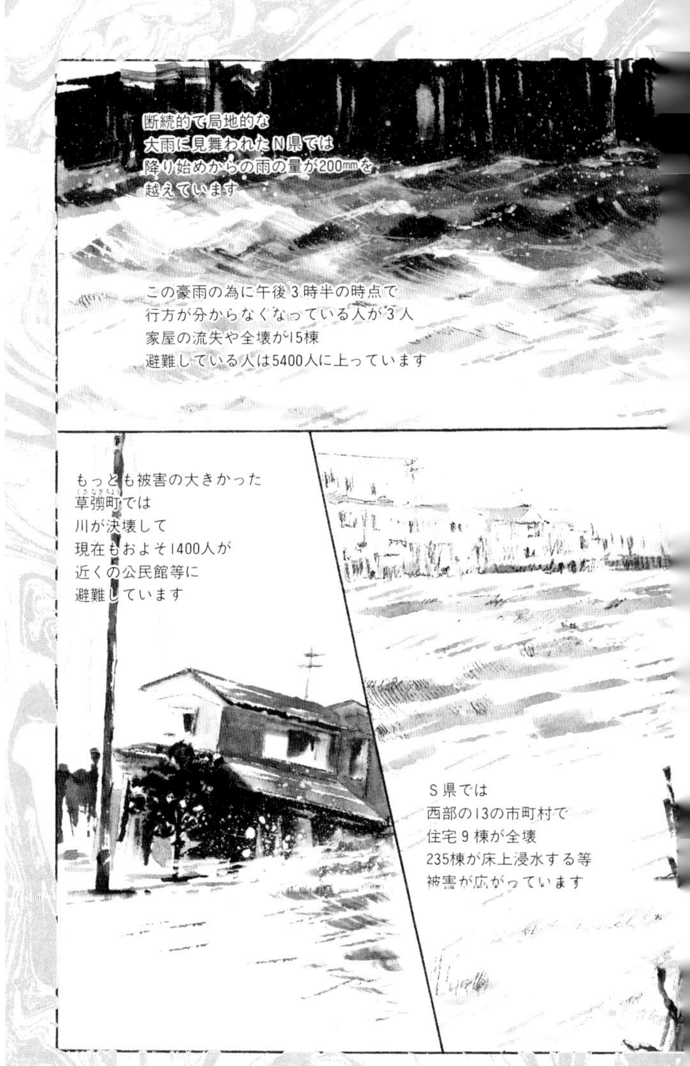
断続的で局地的な
大雨に見舞われたN県では
降り始めからの雨の量が200㎜を
越えています
この豪雨の為に午後３時半の時点で
行方が分からなくなっている人が３人
家屋の流失や全壊が15棟
避難している人は5400人に上っています
もっとも被害の大きかった
草彅町では
川が決壊して
現在もおよそ1400人が
近くの公民館等に
避難しています
S県では
西部の13の市町村で
住宅９棟が全壊
235棟が床上浸水する等
被害が広がっています

天然コケッコー
scene16 台風の日

この為
付近では
陸上自衛隊等と
協力して
避難の遅れた住民を
ボートで救出する等
しています
草彅町
ゆうたら
森町と
そう離れとらん
じゃなぁか！

なして
こがぁな日に
外に出したんっ
そがぁ
ゆうても
東京から
友達がひとりで
来るけぇ
迎えに行く
ゆうて
心配せんでも
ええ
田浦のじいさんが
一緒なんじゃけぇ
あの
じいさんじゃ
余計心配じゃっ

スルスル
ヒョオオオ
……
……やれんのぉ
パタパタパタパタ
ぴゃー
ひとまず
森町に
ひき返すしか
なぁのぉ
……
うぁー

ビュゴォ
オ
オ
オ
オ
ビュ
……
ビュオオ
!
クル
クル
クル
クル

……
わしも
伊吹ちゃんも
あっちゃんも
みんな
台風の風ん中
歩くんが好きなんじゃ
……
デコ全開にして
風がクッションみたいに
わしらをヨロけさせる
もんじゃけぇ
よっぱらいのような
気分にさせられて
なんとのぉ
ハイな気分になってしまう

もっとも
こがぁな
ノーテンキなこと
言えるんは
たまぁに
伊吹ちゃんちが
床下浸水する
ぐらいで
わしらの村にゃあ
台風の被害が
比較的少なぁ
けえ
?
?
?
はぁ
ここなら
そがぁに
危なぁことなかろぉ
5分だけ
出てきて
ええよ
ホント
かねっ!?

ぴゅー
うぉーー
ひゅー
カチ
カチ
カチ
ひゅ
カチ
カチ
カチ
カチ
カチ

ジリリリ
ジリ
そよか!?
はぁ
ちょっと待っとって
役場から
お義父さん
川が氾濫して田浦さんとこが床上浸水したけぇ
手伝おてやってほしいといいね
すぐ行くっ
お父ちゃんついでに学校の「コッコ」も見てきてやんさい

気をつけてなぁ
んあ
そよのこと頼むけぇな
ウ
ウ

覚えとけよっ
やだね
なして
あの人たちゃあ
ところ
かまわず
プロレスごっこ
するんじゃろ?
………

やめん
ちゃいっ
だいたい
俺は
あいつのこと
なんとも
思って
ねーよっ
じゃ
なんで
ハンカチ
贈るよ
てめーこそ
なんで
右田にハガキ
出したよっ
……
ハンカチ………
大沢君が
ハンカチ贈って
鈴木君が
怒る相手っちゅう
と……?
?

ギュムー
見たかよ さっき
テレビカメラ まわってたぜ
え? 映ったかな?
ピース したかったな
ダセぇ
なぁ オレ パンツも 脱ぎたい
……
……
……
…からお伝えします
昨日から 降り続けています この強い雨の為
五郎川が 2年ぶりに 氾濫し 周辺の村に 引き続き 警戒を 呼びかけ…

ドンドンドン
美都子っ
美都子っ
ドンドン
ドンドン
ドン
みっ……
どがぁしたん？
どがぁしたも
なんも
あんたんとこ
床上浸水した
ゆうけえ

床上…?
………
………
あんた
そりゃ
「田浦」違い
じゃろ
失礼
したの
さっきの
サイレンは?
ギリリ
リン
五郎川が
氾濫したんじゃ
ギリリリ
リン
ホントかね!?
あんた
心細いけえ
おってよ
電話
鳴っとるぞっ
ギリリリ
あ
待ってよ
真っ先に
わたしのこと
思おてくれたん
じゃろ?

ギリリリリリン
はい
右田です
ああ
じいさん？
無事
じゃった
かね
どこに
おんさるん
？
はぁ？
美都子さん
とこに？
通じん？
昔の事
思い出すけぇ
一緒におってよ
じゃけどねえ
あそこは
高台じゃし
はぁ
そがぁに
心配しんさるんなら
わたしが
様子を見て
きましょう

…よろしゅう
ザワ
ザワ
ザワ
まだかね!?
…………
もしもし
ああ
もしもし
わし
じゃがね
すまんのぉ
電話が混んどって
今 公民館の
2階に避難
してきたとこじゃ
ザワ
ザワ
ザワ
ザワ

……
じいさん また 電話かよ
通じねぇのかなぁ
大沢君 鈴木君が来たら わしのことぜんぜん 相手にしてくれん
……あっ
これ
はがして ええ？
え
ピ

ほらっ
こがぁなん
ぴら
浩太朗のも
よぉ
はがしてやるんよ
にゃー
ふんっ
まるで
猿の
グルーミングだな
あ
じいちゃん
連絡
取れたん？
寝るでね
えーー
ほざけ
ほざけー

もぉ？
まだ9時だぜー
夜が明けたらすぐ帰るけぇ
はよぉ寝とけ
ザワ
ザワ
ザワ
ザワ
ザワ
寝ろよ
……
じいちゃんてば

いつもと違う環境が新鮮ゆうか
………
………
………
ちィと楽しいよおな

……

なんかね
?
寝顔
見たいなー
好かーん
ふっ
あんた
鈴木君の
彼女から
チョコ
もろぉたん?
……
あっ
タヌキっ

お母ちゃんに
そつくし
わしが
寝顔
見ちゃろ
じいちゃんとは
鼻が違うん
じゃなあ
お父ちゃんが
背ぇ高いん
じゃろうか?
スー
あ?
なんじゃ
本気で
寝とる!

う…
う…
う
うなされとる……
………

オオオ
ビョオ
大事な事を
忘れとった
昔
じいちゃんが
一度だけ
泣いたっちゅう話を
うちの
ばあちゃんから
聞かされとった
のに

ビョオオオオ
トッン
ドン
トッン
ドン
ドン

……あ
家 間違おてしもおて
間違おてって あんた…
ずいぶん前に 出とって……
なに しとるん？
いや
スミマセン 奥さん
……

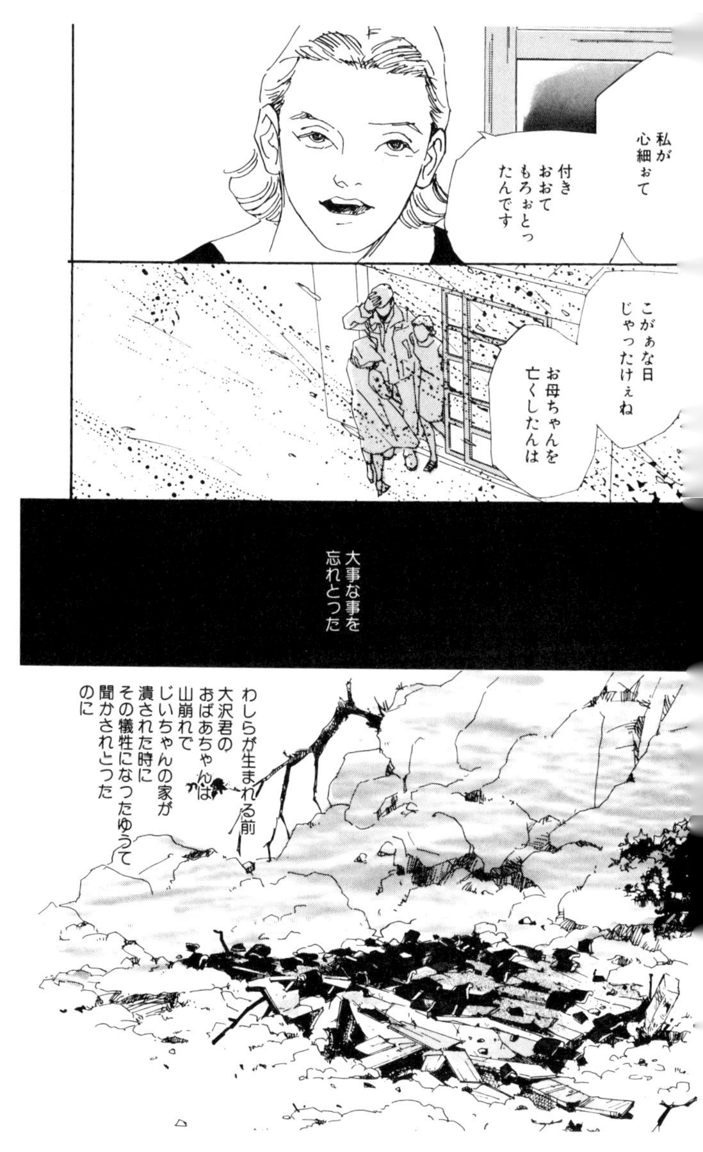
私が
心細ぉて
付き
おおて
もろぉとっ
たんです
こがぁな日
じゃったけぇね
お母ちゃんを
亡くしたんは
大事な事を
忘れとつた
わしらが生まれる前
大沢君の
おばあちゃんは
山崩れで
じいちゃんの家が
潰された時に
その犠牲になつたゆうて
聞かされとつた
のに

ガタ
ガタ
ガタタ
ザワ
ザワ
ザワ
…台風11号は今朝6時現在
勢力を弱めながら東の海上を通過し…
連絡取れたせいじゃろうか

相変わらずの
無表情
じゃが
鼻歌
唄おとる
キッ
ヒョオオオオオ
？
出るかね？

もぉ
ええ
あがぁな
バカな事は
もぉせん
ガサ
ガサ
ええけぇ
やっとけ
やれる時に
……
5分だけ
じゃよ

scene16「台風の日」ーおわりー

THE
プロレス

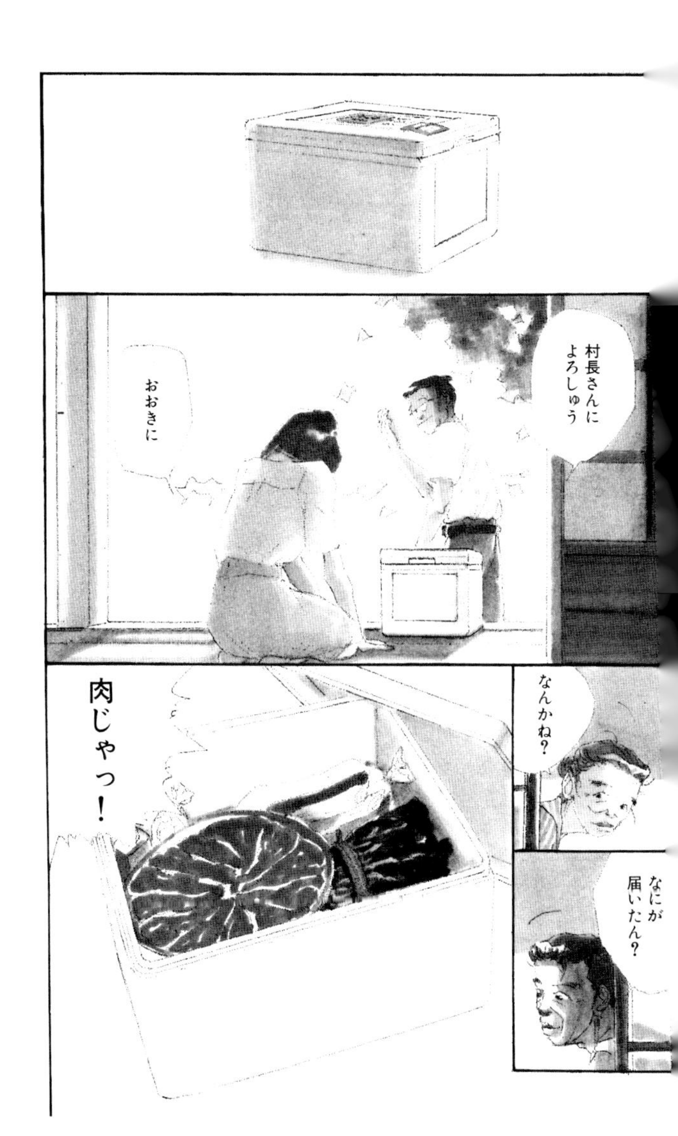
村長さんによろしゅう
おおきに
なんかね？
なにが届いたん？
肉じゃっ！

役場
神社
川
小・中学校
野菜トラックが
止まる場所
天然コケッコー
scene17 招かれざる客

初公開!!
そよたちの村の地図だ!
山
文ちゃんち
バス停
そよ達の集合場所
郵便局
JA
森町
海

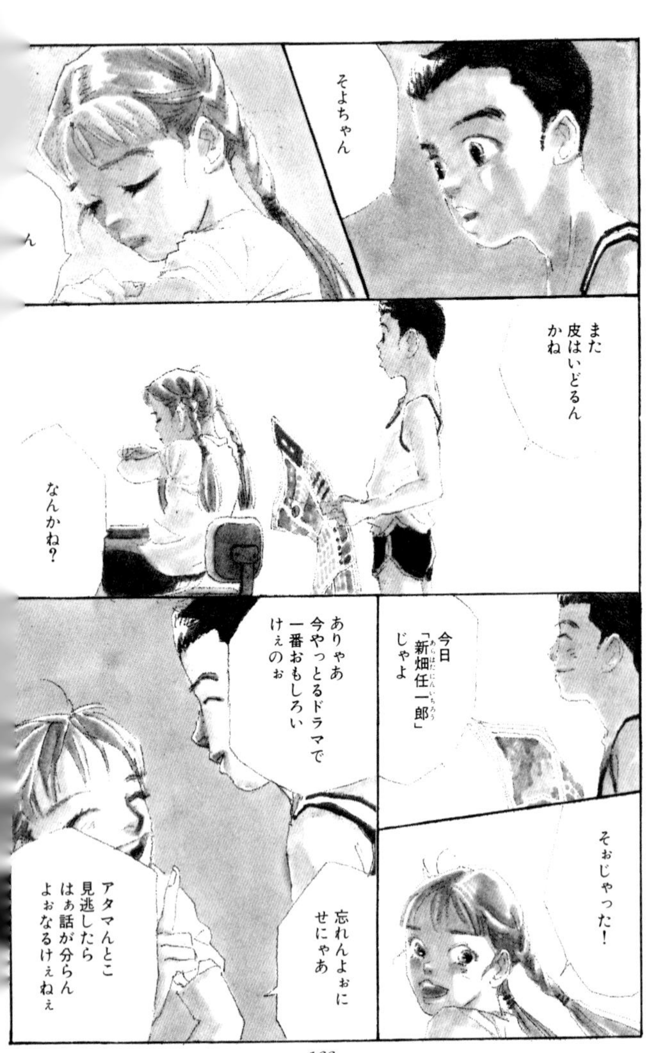
そよちゃん
ん
また皮はいどるんかね
なんかね?
今日「新畑任一郎」じゃよ
ありゃあ今やっとるドラマで一番おもしろいけぇのぉ
そぉじゃった!
忘れんよぉにせにゃあ
アタマんとこ見逃したらはぁ話が分らんよぉなるけぇねぇ

鈴木さんちゃ
誰？
そよ
あんたに
宅配便なん
じゃが
てっきり
お爺ちゃんに
きたもんじゃぁ
思ぉて
うっかり
開けてしもぉたが
う
うわぁ
肉じゃっ!!

牛しゃぶ
セット
じゃと
しゃぶ
しゃぶ
!?
聞いたこと
あるっ
ここまでの
会話を聞いて
右田家は
あまり肉を
食うたことがなぁと
思われるのも
しゃくじゃが
実は
その通りじゃった
肉屋がなあ
肉が食いたきゃあ
森町まで出ることになるけえ
自然と肉を口にする回数も
減ってくるゆうことじゃ
鈴木君から
しゃぶしゃぶ
セット
もろぉたん
じゃが
どがぁ
しよう

わしらの村は
海と川に囲まれとるけえ
魚貝類は いつでも
新鮮なもんが食えるが

ああ うちにも
世話になったからって あいつのおふくろから 送ってきたよ
ええんじゃろか? わしんちに まで
わしゃあ なぁんも 世話しとらんのに
……
……
?
大沢くん?
いんじゃないの?
金持ち だから あいつんち
へえ そぉなん ?
したら 今夜は
しゃぶ しゃぶじゃあ!

ジービ
ジビジ
ビ
ジービ
ジビ
ジビ
ジビ
ジビ
ジビ
ニャ
誰か おんさるかねー
おお
シゲちゃんじゃ
また 後でかけるわ

よおけぇ
釣れたけぇ
新鮮なうち
食べてやんさい
わぁ…
すごいねぇ
こりゃあ
鮎(あゆ)は
大好物じゃが
おおきに
すぐ
焼くけぇ
あんたも一緒に
食べてかんかね?
キラ
きょうは
しゃぶしゃぶじゃけえ
なあ
ははっ
わしつたら
しゃぶしゃぶが
めいつぱいに
なつとつて
昼飯のこと
忘れとつた

なんじゃ
シゲ
来とったん
かい
おじさん
鮎食う
ちゃんさい
あんた
太ったのぉ
!
お父ちゃんたら
言いにくいこと
ズゲズゲと
あんた
なんぼに
なったんかね?
わしゃ
20じゃが
はたちっ!?

老けとるのお
あんた
あ
またあ
なんか
このヒヤヒヤなカンジ
大沢君と
おる時も
よォあるわ
あ
お母ちゃん
わしゃ
塩焼きにしてやんさい
……
お母ちゃ
聞こえとります

……
……
……
……
夏休みの
宿題は
終わっとるんかね？
そよちゃん
はぁ
あとは美術の
絵だけじゃ
わしゃ
絵が苦手
じゃけえ
後回しになっとる
わしゃ
読書
感想文！
なんの絵
描くん？
……
裏庭の
へちまか
すうめ
魚描きゃ
ええがね
わしが
なんぼでも
釣ってきちゃ
るけぇ

わしゃ
魚描いて
「優」もろぉた
でね
そいからじゃなぁ
魚がスキに
なって
おやじと
釣り行く
ようなって
趣味に
なって
しもぉた
ええよー
釣りはー
あ
まずい
釣りの話に
なつてしもぉた
今度
一緒に
行こうやぁ
あ

みんな
おらん

あんた
カレイは好きかね
?
時期がきたら
ボート釣りに
出よう
じゃなぁ
かね
カレイとヒラメの
違いがわかっとる?
ヒラメは眼が
体の左側にあって
カレイは右側に

ジュ――ッ
シゲちゃん いただきますよ
いただきます まぁす シゲちゃん
いただきます
右田家の 鮎の食べ方は オーソドックスに 焼くだけで
塩焼き派と
しょう油派に 分かれとる
余談じゃが これが ゆでタマゴに すりかわっても 同じように分かれて しまう

はぐ
はぐ
シゲちゃん
なんも
つけんの？
わしゃ
魚は
刺身でも
なんでも
なぁもつけん
へぇ…
そりゃあ
本当の
魚好きじゃ
なぁ
魚好きいやあ
魚好きの
おじいちゃんは
シゲちゃんを
けっこう
気に入っとる
みたい
わしゃ
ずっと前から
シゲちゃんは
なんかの魚に
似とる思ぉとるん
じゃが
こがぁな顔の
魚がおったような
気がするが…
……
なんの魚
じゃろうか
判明せん

ジャ〜
カチャ
カチャ
ああ おおきに
はぁ ここは ええけぇ
シゲちゃんと 話しとって
今 おじいちゃんと 将棋 しよるが
シゲちゃん 将棋 しとっても しゃべっとる
あの子は ひとりっ子 で
普段から 話す相手が おらんの じゃけぇ
そがぁな 言い方しちゃぁ かわいそう じゃよ
ひとりっ子 なら
伊吹ちゃんやら カッちゃんやら よおけぇ おるが
あがぁに しゃべらんよ

おじいちゃんはえらいなあ
ニコ ニコ
じいちゃんはシゲちゃんを気に入っとるんじゃあね
あんたのムコさんにほしいゆうとったでね
ははは
いっ!?
ジョーダンでも簡単にゆって
ほじゅうなぁなぁ
ただですら皆にひやかされとるのに
どがぁする? もう一局いくかね?
ええですねえ
チラ
………

シゲ
あんた
今日は
仕事は
ええんかね？
今日は半ドンじゃけぇ
親父ひとりで
十分なんですわ
…………
そうか
そいじゃけど
そろそろ
そうかね
ごちそうに
なったけぇ
ちょっと
おばさんに
挨拶してこう
ミシッ
ミシッ
ああ
カラッ
そよちゃん
は？
………
!

12色
葉はこっちの色の方がええよ
これ？
そうそうそれで陰作るようにしてな

クッククッ
ボッボー
ほんとじゃ
本物っぽぉなった！
クックー
ボッボー
クックックッ
ボッボー
へんなカンジ……
シゲちゃんが沈黙しとる
うまく出来たじゃなぁかね
おおきに
カラン
チー
チー
チー
チー

……
カチャ
パタ
カチャ
……
……
さてと…
それじゃ おばさんに 挨拶して 帰ろうかね
おばさん 今日は ごちそうさま
まあ こんな子や なにをゆうとるん
ふふふ
ごちそうに なったんは こっちじゃあね
肉じゃ
ビクッ

こがぁに赤ぁ肉は初めて見たが
豪勢じゃのぉこりゃあ
……
すき焼きかね？今夜は？
「しゃぶしゃぶ」じゃよ
「しゃぶしゃぶ」？
なんかね？そりゃ
し〜〜〜〜〜ん
よけりゃあ
あの…
な…
……
一緒に食べてってもろぉたいんじゃが
あんたんとこも夕飯用意しとんさるじゃろうし
いやぁー
うちは今日お母ちゃんクラス会でおらんけぇ
にぎり飯が用意してあるだけじゃ

しゃぶしゃぶ
しゃぶしゃぶ
ぱく
ん～～ン
うまあっ
こりゃうまいっ
わしゃ肉なんて何年ぶりじゃろう
もご
もご
……
……

さあさあ
若いんじゃけえ
どんどん
食べんさい
ぴくっ
はぁ じゃが
まだ そがぁに
腹減っとらんし
それじゃったら
あと
ひとくち…
シゲ
「しゃぶ
しゃぶ」
ゆうのは
1枚ずつ
しゃぶ
しゃぶ
やるもんじゃ
1枚ずつな

はぁ
ややこしい
のぉー
1枚だけ
と
ぴら
しゃぶ
しゃぶ
ぱくっ
なるほど
なぁー
ガリッ
ええ!?
「あとひとくち」ゆうて
ゆわんかった!?
ぱくっ
しかし
なんじゃ
のぉー
肉っちゅうんは
モグモグ
うまいが
魚に比べりゃあ
あきるゆうか
いつも
食いたいたぁ
思わんのぉ

肉食うて文句言いよる!?
そよちゃん……っ
はっ
どがぁしよう「新畑」が…っ
あっ
しもおた!! 過ぎとるっ!!
ボシッ
いいですか?
えー あなたは ここに立ってました
ここですよ ここ この場所です

あれ？
はぁ殺されたん？
やぁうそ
どがぁして殺されたん？
やっぱり川原で魚焼く旨さは格別ですわ
いつじゃったかいねありゃあ
あん時もやろぉ思おとったんじゃが
んーくー昔泉くんさーもっとこう甘いものないのー
きみ辛いよこれー
……
なぁそよちゃん
!
いつじゃったかいね松田先生や皆で川に釣りに行ったじゃろう
…!…
寒い時じゃったけぇ……
え？
あ
え？
えーと
そうそうあんときゃあいっそも釣れんで
のおっ!?

またやり直そうやぁ
そうじゃ海で浜焼きもええよぉ
あっえー実はですねー
えーワタシいっぺんやってみたかったんですよ
この前も台風が過ぎてから親父と海出かけてったらウネリと濁りが残っとって絶好のチャンスじゃったんじゃが
ありゃあ釣り始めて30分は過ぎとったじゃろうか
いや〜〜え〜〜ちょっと気になったものですから
先程こちらにいらっしゃいましたよねえ
20メートル先のウキが
こう
一気に海に消えると同時に
ガツンっ
と竿先に衝撃が走ってですなあ
んーすばらしいすばらしいですよんっふっふっ
あーいやいや
すかさず合わせるとじゃね
ワタシもこういうの大好きなんですよ
これがまたものすごぉ力強い引きなんですわ
あなたは！
あなたはずーっとそう考えておられた
そうですね？
慎重にやりとりするわけじゃが
これがむずかしいんじゃが
このスリリングな引き味がやめられんで
いやーさっすっがでっすっねえ

だかましいっ
ボー
……
昔泉くんさー きみ 電話しといてよ
……
ぼくは先に 行ってる から
……
……
んーおかしいなぁ なくなっちゃったの かなぁ
……
……
け…
消しんさいっ テレビ…っ
え
え〜〜〜〜〜?

ああ
そのドラマ
新畑
ナントカ
ゆうやつ
じゃろう？
おもしろいん
じゃげななぁ
ありゃ
なんじゃろ？
なぁ
そよちゃん
脚本家が
なんじゃけぇ
ほれ
名前
知っとる？
わぁ
なんか もぉ
よぉ話が
わからんよぉなつたあ

なんかね？こりゃ
おまじないじゃよ
もう１杯茶したら帰るって
どぉだかのぉ
「帰る帰る」ゆうてはぁさっきから10回は聞いとるが
右田の人間はキツイが
……
気も弱ぁ
ここまで長ぁおられると「帰れ」ゆう一言にだんだん重みを感じるよぉなって
だぁれも言い出せんよぉなる

ボー
……
あ
おおきに
そよちゃん
お父ちゃんなんか
あ〰〰んなカンジワリィこと
へーきでゆうてまわるくせに
肝心なこたぁ言われんのじゃけえ
さて
と
風呂入って
こっ
しかも
逃げよる
わしが
生まれて初めて
海で
釣り上げたんが
ボー
コックリ
ゼンゴゆう
アジなん
じゃが

部屋もどっとってええよ
ええんじゃ
わしゃ「お父ちゃん」をしとぉないし
わしが消えることでシゲちゃんが帰るんじゃったらそれもええが
帰らんかったらお母ちゃんかわいそうじゃしなあ
お茶おかわりどぉかね？
いんにゃもう※いぬるけえ
※いぬる＝帰る
素人さんはだいたいリールの役割を分っとらんでのぉ
キャッチホンみたいに
リールを十分に理解して
なんかこの現状にジャマが入らんじゃろか？
ていねいに使やぁありゃあ10年以上は使えるもんじゃがねえ
すくっ
！

ちょっと
トイレ
借りるけぇ
ああ
ああ
どうぞ
どうぞ
ミシッ
……
やれまあ
帰るじゃろう
これで
バタン
よっこら
しょっと
……
そがぁ
いやぁ
ダンゴ釣り
ゆうのがあって
…………
ミシッ
ミシッ

……!
……!
電話じゃっ
電話じゃよっ
……
電話じゃあっ
はい もしもし 右田…

あ
そよ
大沢君
もしもし
アんだよテメーは
え?
「後でかける」って言ったじゃんかー
あ
あの
ちょっと今…
あ
ああ
わりィ
まだ客がおるとは言えん
見たぜ

おまえが見ろ見ろってゆうからあの「新畑」ってドラマ
スゲーおもろかった!
そおじゃろお!?
じゃ わし 帰りますけえ

はぁ
長々とおジャマしました
あ 大沢君
ドカ
ドカ
ちょっと 待っとって すぐもどるけえ
あ？
ゴロ
パタ
パタ

努力
気ィつけて
おおきに
努力

scene17「招かれざる客」ーおわりー

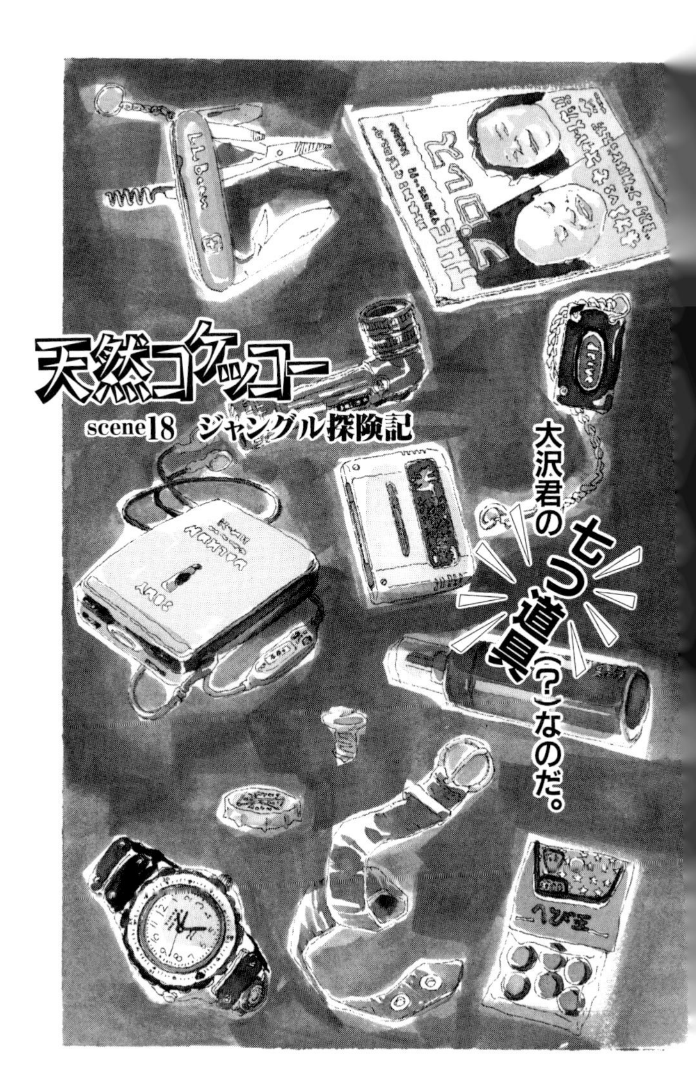
天然コケッコー
scene18 ジャングル探険記
大沢君のひみつ道具(?)なのだ。

カァ
カァ
カァ

カァ
カァ
カァ

カタ
一段目の
引き出し
カタ
カタ
カタ
カタ
一段目…
ガッ
ガッ
そよちゃん

大沢君ち行くんじゃったら
ずいぶん前に出かけてったの見たでね
ニーーッ
きょうはわしゃどろぼうさんじゃ
あんたコンサートやらスポーツやらのチケット取ったことある?
ガコッ
ガコッ

ありゃあ
ややこしそう
じゃねぇ
わしも
よぉ
分からんのじゃが
なんか
電話で
チケットセンターに
申し込むと
予約番号
ゆうのを
メモるよぉ
言われて
その番号が
チケット
受け取りに
必要なそうじゃ
大沢君
プロレスの
チケット取りに
今 森町に
行っとるんじゃが
うちの店にも
ポスター
貼ってあるが
県民ホールの
やつじゃろ?
ああ
プロレス
なぁ
それで
うちに
電話してきてな
予約番号
メモった紙
忘れてきて
しもぉたゆうて
しよえ――

じいちゃんは行商じゃし
ガラ
お母さんはあっちゃんとこじゃし
誰もおらんけぇ
はぁー
ガラ
それでそよちゃんに頼みよった

物がふえとる
そがぁいやぁ
大沢君親子が
この家へ来るまでは
この縁側で ひとり
たばこ吹かしとる
じいちゃんの姿を
よお見かけたが
家族が
増えてからは
せんよぉなつた
そうしとるのが
好きなんじゃろう
思ぉとつたが
ひとりでおる時にゃあ
ああしとる事以外
する事が
なかつたんかもしれん

だって
この散らばっとるもん
見どるだけで
じいちゃんは
前よりやる事が
増えた気がするでね
ええなぁ
人様んちの
生活ぶりを
堂々と
のぞき見っちゅうのも
CDが
ころがっとる
…………

思ったよりゃあ
きちゃのうないねぇ
男の子の部屋
ちゅうんは
えっち本やら
スケベビデオが
あるんじゃ
思ぉとった
隠しとる
かもしれん
東京の友達から
いろいろ
送ってもろぉとる
みたいじゃけえ
見い
あがぁな
とこに
食いもんが

開けっ放しじゃ
ガラ
ガラ
そよちゃんはこの部屋によぉ来るん?
2回くらいかねえ
うそじゃあ
うそ?
だって去年の花火の時と
あとファミコン®しに…
……
なん?
ありゃあちゅーの時じゃったな
なんも……

もっと
深ぁ仲
じゃあ
思ぉとった
ガタ
ガタ
ええのん!?
勝手に
開けてもっ
はあ
だって
ひとつめの
引き出しに
メモが入っとる
ゆうとったけぇ

信じられん
なんでなんでなんで？
そよちゃんの写真？
修学旅行の写真がわやくちゃじゃあ
わしゃすぐにアルバムにしたでね
わしにゃあ大事なもんじゃがなあ…
こりゃあ何に使うんじゃろおかぁ
……
燃えんゴミ
ぱひっ
あ
…………

……
それよりゃあ
はよぉ
メモ
見つけにゃあ
カサ
カラン
大沢君から
電話かかる
ことになっとる
けぇ
?
無ぁねぇ
うっ
ポイッ
ガラン
…………

ぷっ
うそぉ――
こがぁなん
つこぉとるんかねー
ひひひ
ふふふ
なんか これ
つけとるとこ
想像するだけで
おかし――
……
フタは
どがぁ
したんじゃ
？
フタは
……
……
べたっ
？
ニキビ治療薬

カサ
カラ
ビロロロ
びくっ
どがぁしよっ
はぁ かかってきて しもぉたっ

もしもしい
カチャ
ガチャ
あいや
わしゃそよじゃが
こんちはおばちゃん
はあ留守番ちゃあ留守番みたいなもんじゃが…
……はぁええよ
書くけえ待っとって
!
ピーマン一袋と
ジャガイモ…
そよちゃんええもん見つけた
¥100
へび玉

うに
カチッ
うに
うに
うに
うに
うに
うに
うに
カナ
カナ
……
……
カナ
カナ
……

カナ
カナ
カナ
スッ
なあ そよちゃん ホントに 一段目?
勘違い しとらん? 大沢君
わしも
ちィと 思おとったん じゃが
二段目 開けて みんちゃい
ええじゃろかー
ええサー
事情が 事情なん じゃけえ ―

ぐっ
……っ
……っ
……っ
……っ
……っ
…開かんっ
どら
こりゃきっとえっち本やら日記やら入っとるんじゃ
……
やめとこっか
ぐわっ
……!

……
L.L.Bean
drive
な
なんじゃ
別に
たぁした
もなぁ
無ぁじゃ
なぁかね
手紙
じゃあ…
香取郡木村稲垣
大沢広海君
ぴく

……
誰からじゃ？
あっ
差し出し人の名前が無ぁよ
……
ガサ
そう
じゃね
あ いやー
そりゃいかんよー
おかしっ

写真が入っとる
香取郡木村稲垣
大沢広海君
ポサッ
スルーリ
どらっ
あっ
写真が……
ああ
しまわにゃあ
そうじゃな
……

「お別れ会」
？
幼ぁねぇ
去年
じゃのに
こん時ぁ
わしらの事
知らん
かったんじゃ
なあ
わしらも
大沢君のおらん
毎日があたり前で
この写真が
撮られた時にゃあ
3人で
例のごとくコッコ小屋で
転校生の話で
盛り上がっとったんじゃろうなぁ

こん中じゃあ大沢君が一番ええ男じゃねぇ
わしなぁよぉわからんかったんよ
わしらの学校にゃ他に男子おらんけぇ
ひとりしかおらんとどがぁなんでもよぉ見える
モテたんじゃろか？
キツイけぇねぇ
ひとまずこの雰囲気は嫌われとらんけぇ安心したぁ
ええ男かあ…
なんか大沢君に会いとぉなつた

気に入ったん?
そよちゃんにゃあ
くれるでね
きっと
い
いや
そうじゃ
のぉて
もろぉて
額に入れ
ときゃ
ええよ
よぉせん
そがぁなこたぁ
大沢君の写真
じゃったら
焼き増しして
いっぱぁ
もっとるんじゃな
実は
「くれよ
それ1枚」
そがぁ
いやぁ……
……

無くして
しもぉたんかな？
別に
飾ってほしい
訳じゃぁ
なぁが……
……
でも
わしの部屋にゃぁ
ちゃんと
アノラックも
パンダも
チューリップの
ハンカチもおるでね
DKNY

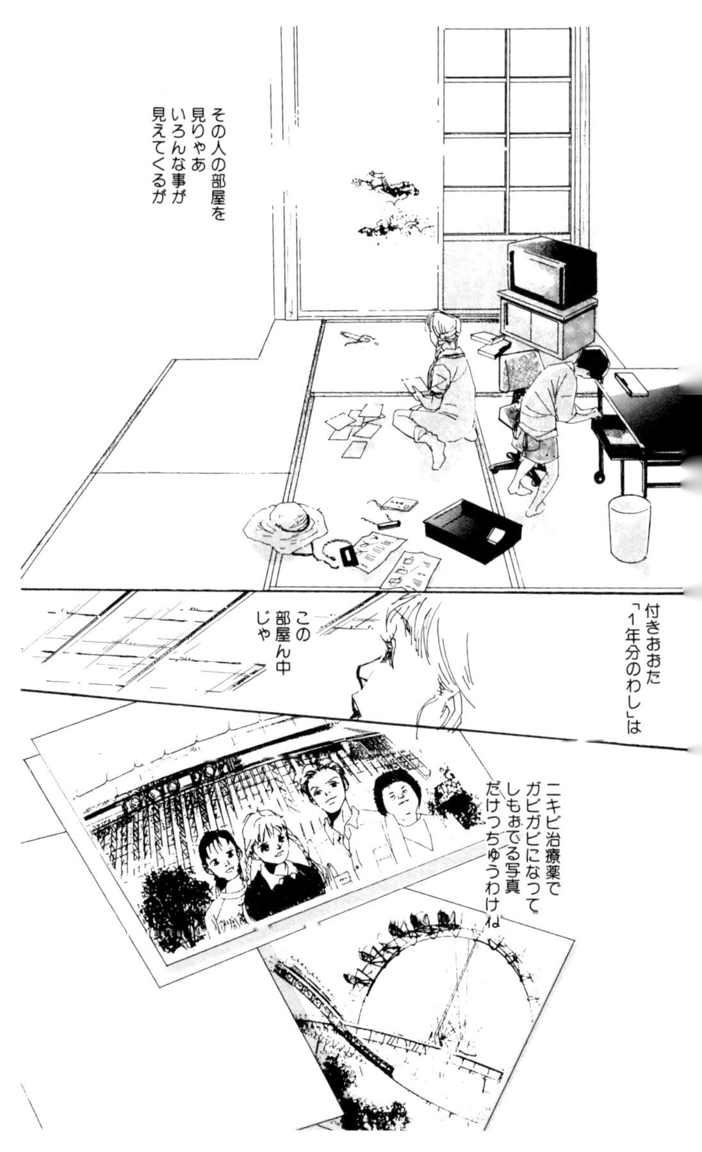
その人の部屋を
見りゃあ
いろんな事が
見えてくるが
付きおおた
「1年分のわし」は
この
部屋ん中
じゃ
ニキビ治療薬で
ガビガビになって
しもぉてる写真
だけつちゅうわけね

どがぁな？
……
カッコええ
腕時計なんか持っとったんじゃね
しとるとこ見たことなぁな
……
そうじゃ
なんかプレゼントしちゃろか？
いんにゃ
そりゃなんかちごおとる
そがぁなことじゃのおて
わしがこの部屋にあってほしいのは……

コツ
伊吹ちゃん……っ

うわ……
動きよる……
な…なん？
イヌ……？
あ…イヌかね…？

……じゃなぁっ
タヌキじゃっ!!
きよったっ!!
タンッ
出て
いきよるっ!!
スタ
スタ
スタ
……
……
ガリ

はぐ
はぐ
……
慣れとるなぁ
なぁありゃ
食いもんこぼしとったんじゃのぉて……
大沢君あのタヌキ餌付けしとるんじゃなぁ？
えっ…
あ……
まさかぁなして大沢君が…

あの
タヌキっ
前に
浩太朗と
一緒に
穴に
落ちよった
あいつじゃっ
それを
大沢君が
助けたんじゃよ
はぁー
そうなん
かねー
そぉなん
じゃよ

ようやっと
ふたりの共通語を
この部屋で
見つけた気分じゃねえ

……
まだほしいいん?
気ぃつけんとタヌキは噛むでね
ほいっ
ポイ
タン
あ……逃げたっ
そよちゃん誰か階段登ってきよる
!
じいちゃんじゃろか!?
はよぉ片さんとっ
タン
タン

こう
じゃったかいねぇ
こっち向き
じゃった
かいねぇ
こりゃあ
どっから出したん？
ビクッ
!!

あ？
……
あ
帰ってきてしもおたん……？

いけね…
忘れてた
おれ頼んだんだっけ
ね
………
予約番号ねー
財布に入ってた
………
ごめん
チケット受け取った後TEL入れるつもりだったんだけど
あまりにいい席取れちゃって
のいて
鈴木にTELするから

へっへっへっ
リングサイド
取れたぜー
えーと
なあ…
あ
Aの5
パイプイスの
洗礼
受けられっかも！

scene18「ジャングル探険記」ーおわりー

なぁ
のんきにロープ上で
ポーズとっとるヒマなんて
あるんかね？
モタ
モタ
しとったら
相手が起き上が
ってしまうでね
なぁ？
パリ
あー
あー
なして
跳んでくるて
分かっとって
避けんのじゃあ
なぁ？
パリーン

天然コケッコー
scene19　幸せという不幸

起きれ
…んー
起きとるー
あれっ？
終わって
しもぉたん？
やっぱ 俺
浩太朗と
行くワ

わしが途中で寝てしもぉたのが気に入らんかったんじゃろう
じゃけどそよちゃんプロレスなんかキョーミなかろう？
う……
そいじゃったらわしがやっぱ行くでね
いけーん

チケット見たら1枚1万円もしょったんよ
1万!?
1万もあったらわし…
わし「サッカーシューズ」買うでね
あ イヤそれとも※「ロマサガ」にしようかいなぁ
そうじゃのぉて!
※ファミコンソフト
1万もするチケットで誘ぉてくれた
大沢君の好意をわしゃあ無にするわけにゃあいかんのよ
そうじゃ!1万円のステーキがええ!
はぁ
ええ
1万円?

チケット代
おごってくれる
ゆうて
……
そりゃあ
いけんよ
ちゃんと
払わにゃあ
そいじゃけえ
わしゃ
こづかい
無ぉなるけえ
ことわれんの?
それ
来月分
前借り
したいん
じゃが

あれ?
しょうがなぁねぇ
今回限り
じゃよ
なんじゃろ?
今
なんか
いつもと違うカンジ
お母ちゃん

そがぁいうても
美都子さんとこは
ちぃと甘やかしすぎ
じゃなぁかねえ？
中学生に
そがぁに
金持たせて
から
金銭感覚が
都会と こっちじゃ
違うんじゃろ
おおきに
いんにゃ
お父ちゃんが
おらんけぇ
よけぇ
甘やかすんじゃ
………
なんか
やなカンジ

金一万円也
そりゃ
もらっても
いんだけど
サー
おれとしては
マア……
なんつーのかなぁ
こー
……………
……
見てもらって
気に入ったから
払うってんなら
納得する
わけ
そりゃあ
ええ
アイデア
じゃねぇ

きのうは
眠って
しもぉて
すまんねぇ
あ
おはよう
…………
おはよう
あっちゃん?
めずらしい
なぁ
こんな遅ぉに
どがぁしたん?
いつも
一番乗りで
コッコ達に
餌やっとるのに
おでぇちゃんが
きどう
もどってきで
…………

誰？「おでぇちゃん」て
一緒に寝ようゆうでわしど布団もぐってきで
「おねぇちゃん」
ドサッ
遅ぉばであでこではだし聞かさでだあげぐ
朝起きだだ布団ばでへぎとらでて
鼻カゼひいでしぼぉた
ズズ
キーーーーン
……
コーーン
じゃけどなあ…
悪気あったわけじゃなぁし
あっちゃんのことかわゆうて
かまいとおなるんじゃよ
なぁ？

カーーーーン
ふ…ん
おでぇちゃんの気に入りはそよちゃんじゃけぇ
え?
よぉ手本にするよぉ言わでどる
だんでもデキんさるけぇ
ええ〜〜〜?
やぁ──そんなぁー
コーーーン
え!?
カーーーン
おでぇちゃんに会いにきでやんちゃい喜ぶけぇ

……あ
うん…
ええよ
ガラガラ
なんか
今……
どさくさに
紛れて
………
なんか
ゆうたよねぇ…
「ええわでぇ
幸せで」

あつちゃんと
あつちゃんの
おねえちゃんは
半分
血が違う
ちいと あつちゃんが
苦手そうに
するんは
そのせいかもしれん
そのおねえちゃんゆうんは
あつちゃんのお父ちゃんの
亡くなった先妻さんの子
じゃあゆうて
おばぁちゃんから聞いとるが
あつちゃんは
おねえちゃんが
もどるたびに
気ィつこぉとるのか
ちィとピリピリしよる
わしゃあ
ええおねえちゃんじゃあ
思うんじゃが
どうも
当人にしか
分からん苦労があるらしい

またね
バイバーイ
なぁ
あっちゃんの
姉貴って美人？
結婚しとるよ
聞いて
ねーや
そんなこと
いやあ
てっとり
早ぁかなぁ思ぉて

時々
気が向きゃあ
大沢君は
わしらに付きおおて
遠回りして
帰りよる
浩太朗は
よっぽどええ子で
楯や黒子のフリしてくれよる
ホントは
腕組んで
みたぁのじゃが
咄嗟の時にゃあ
これじゃったら すぐ
ごまかせるけぇ
仕方がなぁ

ほんに
短ぁが
わしの
気に入りの時間じゃ
「ええわでぇ
幸せで」

……
なぁ
わしって
幸せそうで
悩みなんか
なぁんもなぁ
ように見える
？
あるの
？
あるサ
まず
「お父ちゃん」が
悩みの種
じゃろ？
それに
それに
あんたにゃあ
あまり言いとお
なかったんじゃが
わしゃ
お母ちゃんに
似てしもぉて
足が太い
伊吹ちゃんのが
細いんじゃ
あ
なら
わしだって
背ぇ
伸びんこと
じゃ

誰だって
悩みの
ひとつやふたつ
あるがなぁ!?
うーん
おれ
ないなー

あると
すりゃあ
彼女が
足太いことかなー
カ――っ
くやしい
なんじゃろ？
この気持ち
同じ歳じゃのに
あまり
物事に動じん
大沢君が
大人っぽぉ見えることが
たまぁにあった

大沢君は
わしらと違おて
シュラバをくぐり抜けとる

もし
自分の片親が
ある日
おらんようなったら
わしゃ
わしゃ
どがぁすりゃええんか
想像もつかんのに

大沢君は
「もし」じゃのおて
本当にそれを
経験してきとるん
じゃけえ

「悩みなぁ」ちゅうんは

その分
強ぉなっとるん
じゃろう思う

わしゃあ
その強さに
嫉妬しとる

幸せである事を恥じてしもぉとるくらい

「ええわでぇ
幸せて」
……
わしゃあ
苦労の経験
積んどかんと
ただの
甘ったれじゃなぁ
なんぞ
わしに出来る
苦労は
なかろうか?
うーん……
わしにゃあ
お父ちゃんの
そばに
1日中おるんが
けっこうな
苦労なんじゃが
そうじゃ
のぉて
もっと
深刻な…
たとえば
家族の
誰かが…
いんにゃっ…!
そがぁなん
考えとぉも
なぁ!
そうじゃ
お父ちゃんと
ケンカして
家出するんは
どがぁじゃろ!?
ええぞ

あてものう
空腹で
路頭に
迷ったあげく
わしゃ
大沢君ちへ
行ってみようかいねぇ
……………
いけん
楽しすぎる
もっと
そよ
髪セット
してくるけぇ
あ
お母ちゃん
あっちゃん
とこじゃったら
わしも行く
おねえちゃんに
挨拶して
くるけぇ

わしゃ
セットだけじゃけえ
先にもどっとるよ
ええよ
お母ちゃん
またおんなじ
髪型に
するん？
たまにゃあ
イメチェン
してみたら
どぉかね？
一度
大沢君の
お母ちゃんにやって
もらうとええが
すっごい
オシャレにして
くれるそうなよ
ええよ
わしゃ
あっちゃんの
お母ちゃんのが
慣れとるし
これが
気に入っとるけぇ
なんじゃあ
つまらん

これが
気に入っとるけぇ」
「なんじゃあ
つまらん」

……
……
いらっしゃい
おや
そよちゃんも
待っとって
篤子呼んでくるけぇ
今
薫さんが
もどって
きとるんよ

大沢の
おばちゃんは…？
外でタバコでも吸っとるんじゃなぁかね？
あんた美都子さんタバコやめんさったんよ
あ？
そうじゃったかね
そがぁいやぁ…
目のはしっこに見えたあれは
あれはやっぱり　おばちゃんじゃ
もうひとりは家族じゃけぇ　すぐわかつた

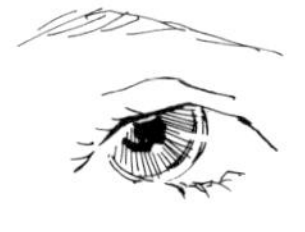

お母ちゃん
だって
見とった

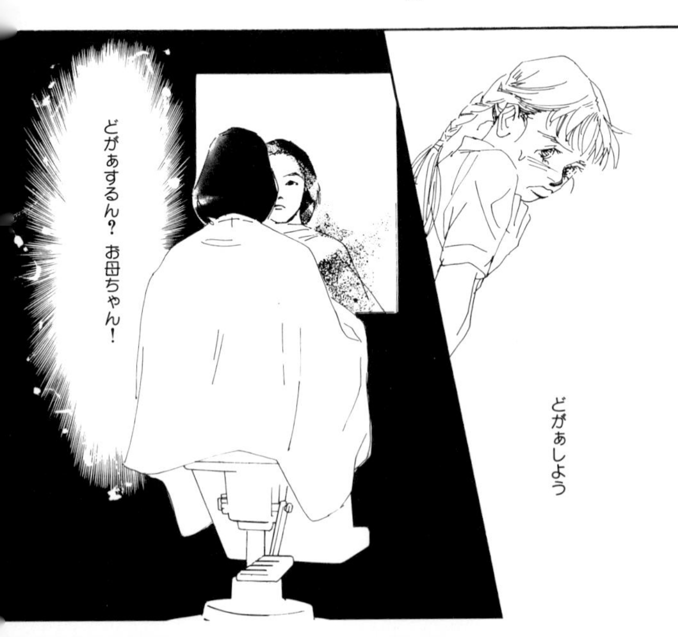

お父ちゃんは
おばちゃんを
嫌おとつたじゃなぁか
それとも
発作を
起こした
おばちゃんを
介抱しとったん
かもしれん
ご飯
じゃって

どがぁ
したん？
まっ暗
じゃあ
ご飯じゃあ
ゆうとるよ
……い
いらん
どがぁしよ
おかぁちゃーん
お父ちゃんに
会いとぉなぁ
そよちゃんが
飯いらんとー
お母ちゃんのカオも
見れん
パタ

どがぁしたん？
みんな待っとるけぇ
はよ来んさい

あ
お母ちゃん
ハイ
……
これ
ちぃと
お燗してくれんかね
？
ハイ
ハイ
人肌な
……

山辺さんとこは上の子がもどってきとんさるんじゃと
あイカわしにもやんちゃい
だんなと喧嘩でもしんさったかね？
いんにゃあハラがでこぉなって
おおきたきた
あれまぁ山辺さんもついにおじいちゃんかね
おかぁちゃん醤油が無ぁでー
………
なして？
なして？お母ちゃん？
あんたも見とつたじゃなあかね！

会ったんじゃろ？そよちゃん
えっ…!?
誰につ!?
だ
薫ねぇちゃんじゃよ
……ああ
モグ
どがぁじゃった？ハラ
……
はぁ
デカかった
薫ちゃんおさがりの服がよぉけぇあるけぇあんたらにもろぉてほしいそうなよ
………

ふ
ふ
そがぁ
いやぁ
あっちゃんが
ラメ入りの
やたら
ハデな服
おねえちゃんに
着せられとって
あっちゃん
半ベソ
かきよった

いつもの
食卓じゃつた
お父ちゃんも
お母ちゃんも
みんな
いつもと
変わらん
いんにゃ
変わらんよう
しとるんかもしれん

お母ちゃんの
笑顔見とつたら

望んどったはずの現実を
どがぁすることも出来ず
ひとまず
自分の幸せに
吸収してもろぉた
ええわなぁ
こいつ
……
scene19「幸せという不幸」ーおわりー

できんっ

できんっ
できんっ

こんなん
できる奴
おるとは
思えんっ

浩太朗は
まるで
人生に行き詰まったかのような
苦しみに踠き喘いでおった

天然コケッコー
scene 20 ひよこのマーチ

ビョ〜〜ン
ビョ〜〜ン
ビョンと
なしてできるんっ!?
内容はどうあれ
なしてっ
勇者!
誰かをステキに思うんは
こんな時じゃろうきっと

わしもまた
行き詰まっとった
ぜひとも
勇者に
助けを乞ぉたい
とこじゃが
彼は
最も理解して
もらえる相手にゃあ
違いないんじゃが
最も
言うちゃワリィ
相手じゃとも
思うんじゃなあ

だいいち
わしゃあ
うちの
お父ちゃんと
あんたの
お母ちゃんが――
なんちゅうこと
口に出すんも
おぞましゅうて
よぉ言わん
浩太朗
待って！
セーブ
しとらんけぇ
もうちっと
待って！
なら
わし先に
いんどる
けぇ
そろそろ
帰るでね
まだ
いーじゃん
なんで
そい
じゃけどー
……

ガゥガゥ
!
帰るっ!!
来とったんかね
あら
……

ガン
ガラ
ピシャッ
そりゃあ

思い過ごしかも
しれんが

いつぺん
疑おて
しもおたら
なかなか消えん

!?
あっ
ありゃまあ
なんか
わしゃあ…
すごいカオ
しとった
かも
おかしげなカオ
しとったら
捨てちゃんさい
どぉも
わしゃ
この手が
苦手でのぉ
こりゃあ
カメラじゃ
のおし
8ミリ
ビデオじゃ
ずっと
悩んどった
んじゃが

早知子が運動会でまた仮装レースに出るゆうけえ
思いきって購おてしもおた
そよちゃん
ははぁ去年のさっちゃんの仮装は大ウケじゃったけぇねぇ
さっきなぁニャンコが伊吹ちゃんちにおったよ
今日はまだ試し撮りじゃが
これが結構思おたより簡単でつぉ
どれどれおっちゃんわしにも撮らせてやんちゃい

お

お
お
まわっとる
まわっとる
ハ
ハ
ハ
地球が
まわっとる
さっちゃん
なんか
ポーズ
とってみんさい

……
……
そい じゃけぇ 動かんと
………
さっちゃん 行進の練習 しとるじゃろ? 今
やって みんちゃい
は は は
右手と右足が一緒に動く

さっちゃん
スキップ
してみんちゃい
はははは
ケンケンに
なってしまう
ひっひっひっ
わざと
じゃ
REC
00:14:20
さっちゃんの
出来んもん
わしゃ
知っとるけぇねぇ
声も入るでね
8ミリゃあ
ドキ

わしらの
小・中学校の運動会は
村中総出演の
大イベントになる
そいでも
人が足らんけえ
森町の小・中学生からも
参加者を募っとる

去年は
いつもよりゃあ
よぉけぇ生徒が
集まってくれたが
今年は
どがぁな？
去年
多かったんは
大沢君の
せいじゃろ
？
東京から
転校生が
来たゆうて
ウワサに
なっとった
らしいけぇ
そぉかね？
「東京もんは
お高うとまっとる」
ゆうて
森町の子らが
話しとったの
わしゃ
聞いたが
あー
森町のー
………
よぉ
来てくれた
ねぇ
ハーハーハ

わしらにゃ ゆうたら
「運動会友達」ゆうのがおって
文字通り
「運動会の時にしか会わん友達」じゃ
四角い顔の山口遥は
昔 文通しとったこともあって
比較的しゃべるが
背の高ぁ
横の子は
「みえ」だか「みよ」
だか名前もよぉはっきりせん
文通が
自然消滅
してしもぉた
んは
うまく
言えんが
わしらと
森町の子らとは
多少のズレが
あるらしい
物資や情報の
豊富な森町の子の
楽しい郵便物と比べて
UFOキャッチャーの人形
押し花
貝ガラ
わしらの方のは
森町の子らに
とっちゃ
たいくつなもん
じゃったのか
いまひとつ
ウケんかった

にしても
……
中途半端な
友人じゃ
右田さん
あのなぁ
うちのクラスの子が
あんたの事
好いとるんじゃが
えっ
付きおぉて
やって
くれん？
ヒュー
ヒュー

こ・こ・こりゃあ
よお
少女まんがにあるような
シーンじゃ
なぁかねつ!?
見も知らん人から
告白されるなんて
わしゃあ
こがぁなん
憧れとつた
気がするわ
どがぁな
？
あ
や〜〜〜
どがぁ
しよっ
あの
東京の子と
付きおおとるん
？
ん？
うれしいが
………

よお
うちらの町で
手ぇつなぁで
歩いとるよ
ねぇ？
………
知っとるなら
なして
聞くんじゃ？
………
あっ
逃げたっ
そよちゃん
からかわれたん
じゃなぁの
？
アハハハハ

先生！
宣誓
先生っ
……
い！
あのな
「い」のとこが
違おとる
「せんせい」
先生

わたしたちわぁ
すぽぉつ
せいしんにぃ
のっとりぃ
ちがう…
こーちゃーーん
弁当があるけぇなーーっ
うわ…宣誓しとるのに

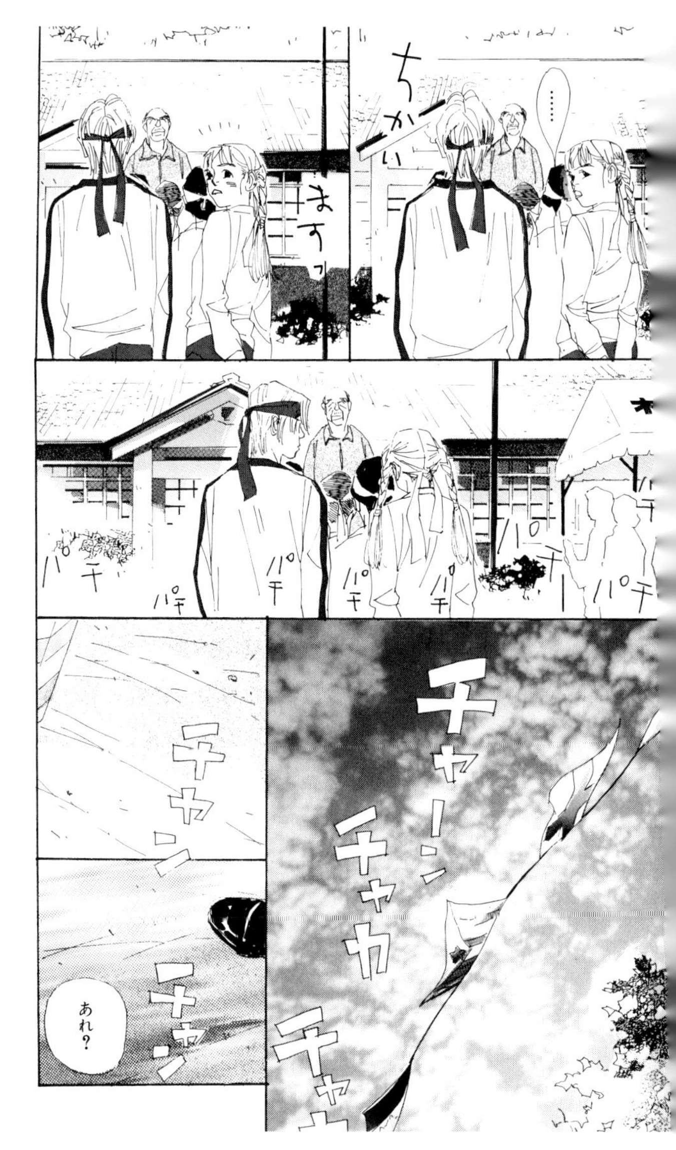

ちかい
……
ますっ
パチ
パチ
パチ
パチ
パチ
パチ
パチ
チャーン
チャカ
チャ
チャン
チャン
あれ?

チャカ
チャン
チャカ
チャカ
チャチャカ
あれ？
チャカ
くす
チャン
くす
チャカ
がんばれ
チャチャチャ

………
うおっ
やっぱり………
そよちゃ〜ん
そよちゃ〜〜んんん
………

そよちゃん
知らん
そこまで甘やかしちゃいけん
やぁ冷たいなぁ
じゃってありゃああんたのチームじゃろが
そよちゃ〜ん
かわいそうになぁ
ちぇっ

大沢兄ちゃんが相手じゃあ負けるかもしれんのぉ
そよちゃん
なして！同じ人数じゃ！
そいでも大沢兄ちゃんリレーで勝ってしもぉたもん
勝ち負けなんていつもはあんまり気にせんのじゃが
あっちのチームにゃ山口遥がおるけぇ負けとぉなぁなつた
…………

ば
なに話しとったん？
ん？
……………
くすくすく
くす

こりゃあ………
ブブッ
どぉも
ブッ
………
おじさん
おば
ブッ
先日は
ブッ
……す
ブッ
………

よけりゃあ
ひとつ どぉかね？
ゴホッ ゴホッ
ガフッ
いやぁ わしゃ 次の仮装レースに 出場し
ブリッ
すぐ 行かにゃあ
ブリッ ブリッ ブリッ
……のですわ
くす くす くす
ははは そぉかね
なん
ブリッ
…走る
距離が ないし
ブリッ
参加するんじゃったら 仮装が
ブリッ
……楽 なん
ブリッ
………すわ
お茶
……
モグ モグ

それになんたって仮装は
ブリッッ
……華があるけぇ
目立ち
ブリッッ……
……
パクッッ
……
モグ
モグ
……すわ
スッ
……
……
……
ポンポンポン
ポン
仮装レース参加の方は入場ゲートに集合してください
ピ
ピ
じゃ
ブリッッ

チャラ
チャ
チャー
チャラ
チャ
チャ
チャ
チャラ
モタ
チャーーラ
モタ
チャーーラ
チャーーラ
ハ
ハハ
ハ
ハハ

こりゃあ
ええ
さっちゃんの
十八番じゃ
踊らんでええ
踊らんで
アハハハハ
アハハハ

ピ
だいこん抜き
レースに
参加の方は
入場ゲートに
ピ
集合して
ください
ピ
おっしゃあ
だいこんじゃあ
頑張ってな
お父ちゃん
また
笑いよる
大沢君が
バカにしよる
「だいこん抜き」は
大沢君ちの
じいちゃんちの
畑を提供してもろぉて
その名の通り
だいこんを抜いてくる
父兄に大人気のレースなんじゃ
というのも
抜いた
だいこんを
持ち帰れる
ゆう
特典付き
じゃけぇ

ん?
ゾロ
ゾロ
ゾロ
お母ちゃん
お母ちゃんも出んさいや
大丈夫じゃよ
お父ちゃんがよぉけぇ抜いてくるけぇ
……
はあ はよぉ あんたも行かにゃあ

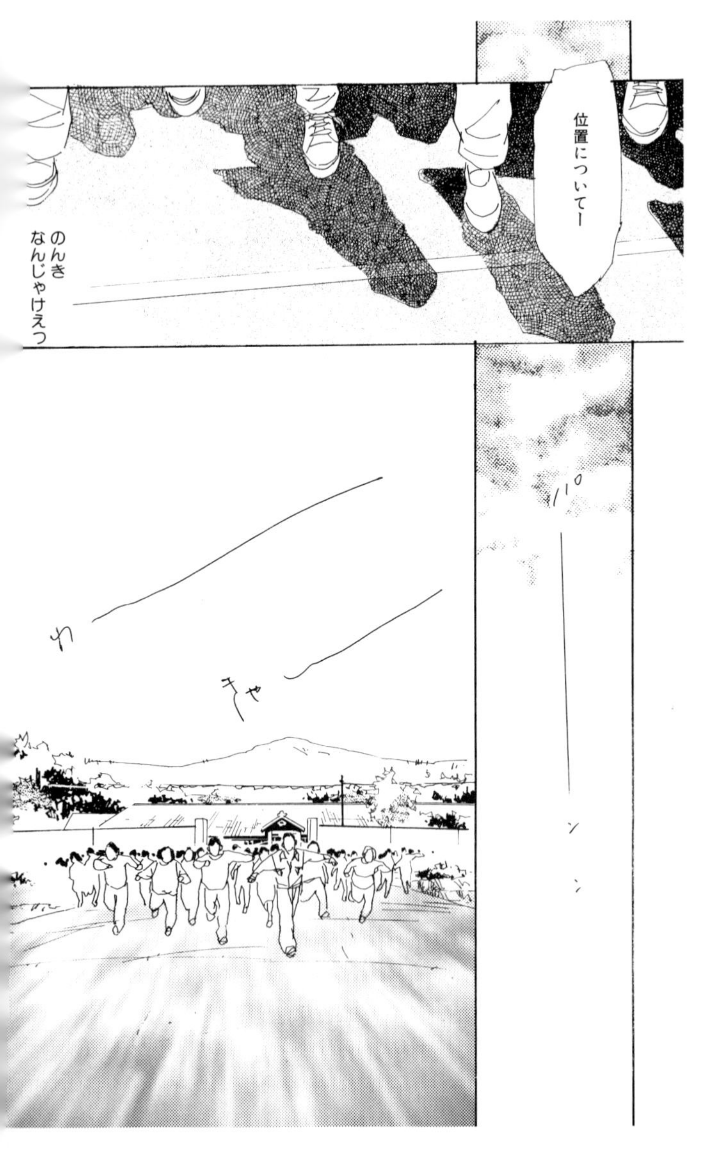
位置についてー
のんき
なんじゃけえつ
パーーン
わー
きゃー

なーー
ちょっと
はずれて
茶しようぜー

ありゃ？

どこ行った？

前じゃろか？
後ろじゃろか？

分からんっ
人が多すぎて
見失おて
しもおた！

喉が
鳴っとるぞ
なつかしいねえ
このレース
まだ
残っとるなんて

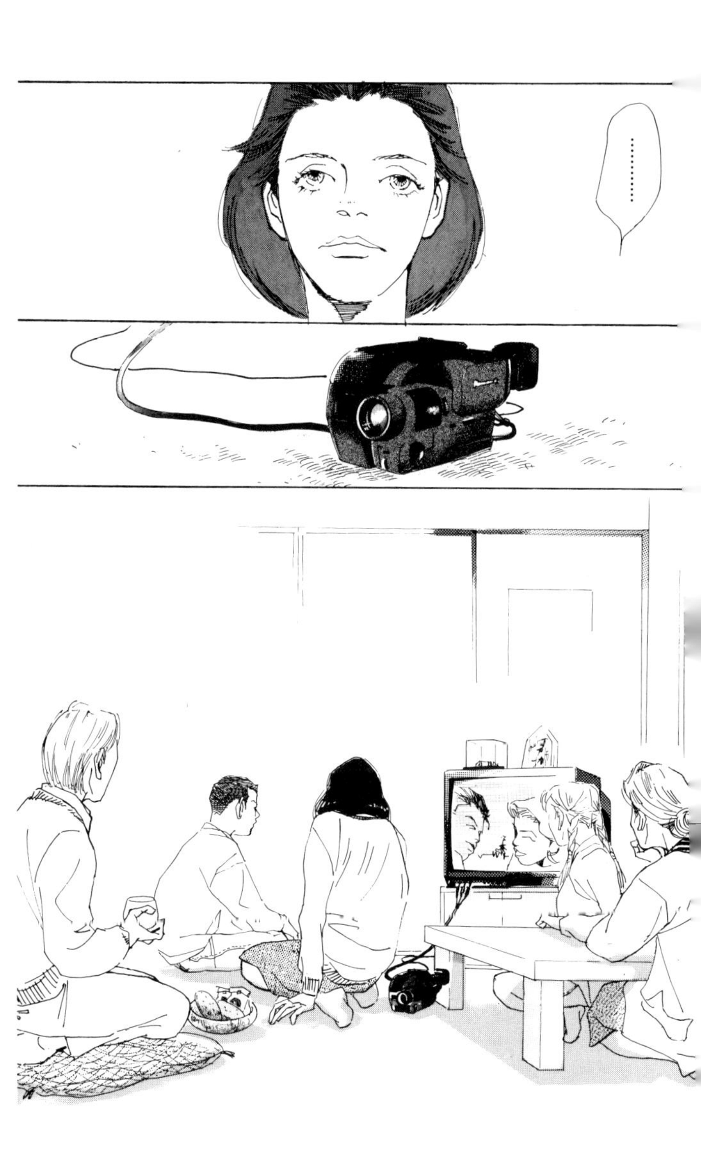

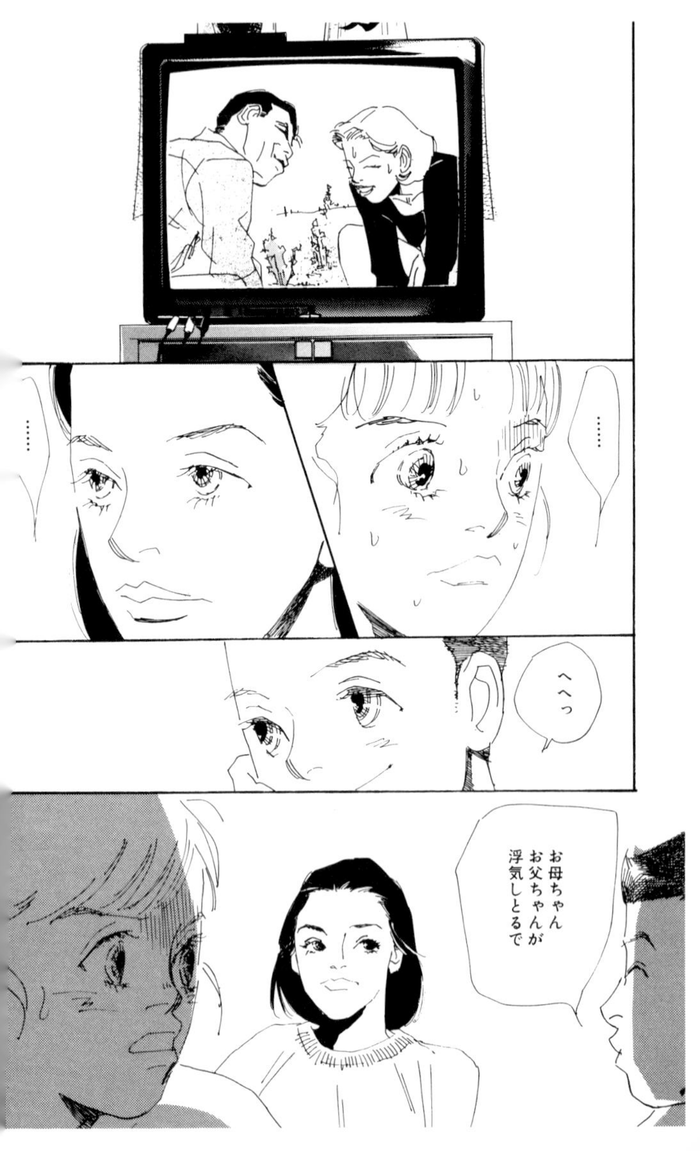
……
……
へへっ
お母ちゃん
お父ちゃんが
浮気しとるで

たまにゃ
ええよ
お父ちゃんの愛は
重すぎるんじゃ
わしゃ
ウハハハ
ハハハ
!

うわ――…
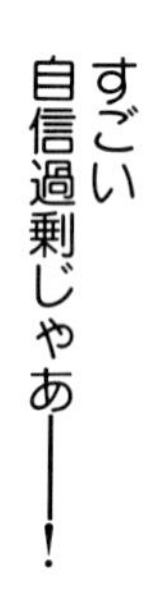
すごい
自信過剰じゃあ――!

ハ
ハ
ハ

そがぁゆうても よぉ 撮れとるでね
あそこが おしいのお 声が途切れて しもぉたとこ
ああ シゲちゃん とこ じゃね
わしゃあ 森町の子に そよちゃんが からかわれとったのが ウケたでね
木村小学校
木村中学校
静かにっ まだ あるでねっ
ああ そりゃあ はぁ最後じゃ
早知子が 賞品 見せびらかし とるんじゃ
……
……

努力
え？
ん？
なんじゃ？
今
かすかに
聞こえたんは
大沢君の声
じゃぞ？
努力
TEL番号
教えて
やんさい
今のは
努
山口 遥！
いいけど

「いいけど」じゃなぁっ！
どこ行くん？
大沢君ち！
お母ちゃんとは違おて
まだまだ
堪え性が無ぁんじゃっ
『天然コケッコー』④に―つづく―
scene20「ひよこのマーチ」―おわり―

◇初出◇

天然コケッコー scene13〜20…コーラス1995年８月号〜1996年３月号

(収録作品は、1996年２月・７月・12月に、集英社より刊行されました。)

集英社文庫（コミック版）

天然（てんねん）コケッコー　3

2003年8月13日　第1刷
2018年4月29日　第6刷

定価はカバーに表示してあります。

著　者　くらもちふさこ

発行者　北　畠　輝　幸

発行所　株式会社　集　英　社
東京都千代田区一ツ橋2－5－10
〒101-8050
電話　【編集部】03（3230）6326
【読者係】03（3230）6080
【販売部】03（3230）6393（書店専用）

印　刷　大日本印刷株式会社

ISBN4-08-618106-1　C0179